Dr. Breitkreuz, Gustav

„BEGEISTERTE UND KOMPETENTE KUNDENBERATUNG / KUNDENVERHANDLUNG SCHLÜSSEL FÜR ZUFRIEDENE KUNDEN UND POWER FÜR DAS UNTERNEHMEN"

Methoden, Erfahrungen, Ergebnisse

Berichte aus der Betriebswirtschaft

Gustav Breitkreuz

Begeisterte und kompetente Kundenberatung

Methoden, Erfahrungen, Ergebnisse

Shaker Verlag
Aachen 2004

Bibliografische Information der Deutschen Bibliothek
Die Deutsche Bibliothek verzeichnet diese Publikation in der Deutschen
Nationalbibliografie; detaillierte bibliografische Daten sind im Internet über
http://dnb.ddb.de abrufbar.

Copyright Shaker Verlag 2004
Alle Rechte, auch das des auszugsweisen Nachdruckes, der auszugsweisen
oder vollständigen Wiedergabe, der Speicherung in Datenverarbeitungs-
anlagen und der Übersetzung, vorbehalten.

Printed in Germany.

ISBN 3-8322-2743-1
ISSN 0945-0696

Shaker Verlag GmbH • Postfach 101818 • 52018 Aachen
Telefon: 02407 / 95 96 - 0 • Telefax: 02407 / 95 96 - 9
Internet: www.shaker.de • eMail: info@shaker.de

INHALTSVERZEICHNIS

Danksagung... 9

Vorwort... 11

1. Faktoren der begeisterten Kundenberatung/Kundenverhandlung... 13

1.1 Begeisterung und Motivation als eines der Hauptfaktoren erfolgreicher Kundenberatung/Kundenverhandlung... 15

1.2 Rhetorische Fähigkeiten des Mitarbeiters / Kundenberaters - Prämisse der Kundenbegeisterung... 23

    1.2.1 Stimme... 24

    1.2.2 Sprache... 25

    1.2.3 Körpersprache in Form von Gestik, Mimik und Körperhaltung... 26

    1.2.4 Rhetorik am Telefon... 29

1.3 Konnex zwischen Begeisterung, Rhetorik und Kompetenz... 35

1.4 Begeisterung der Mitarbeiter / Kundenberater setzt Motivationen durch die Unternehmensleitung voraus (Motivationsparameter)... 38

    1.4.1 Befragungsmodell für Mitarbeiter zur Arbeitszufriedenheit... 42

1.5 Zusammenhänge zwischen begeisterte Kundenberatung/ Kundenverhandlung und dem Image des Unternehmens... 45

    1.5.1 Zusammenhang zwischen begeisterter Kundenberatung / Kundenverhandlung und dem Image des Unternehmens... 45

    1.5.2 Zusammenhang zwischen der begeisterten Beratung, dem Image des Unternehmens und dem Preis- Leistungsangebot... 49

1.5.3 Image des Unternehmens und der Zusammenhang zwischen der begeisterten Kundenberatung und der Produkt- und Leistungsqualität.. 51

1.5.4 Zusammenhang zwischen der begeisterten Beratung, dem Image des Unternehmens und den Serviceleistungen........................... 53

1.5.5 Zusammenhang zwischen der begeisterten Beratung, dem Image des Unternehmens und der Kundenzufriedenheit...................... 56

1.5.6 Zusammenhang zwischen der begeisterten Beratung, dem Image des Unternehmens und der Stammkundenbetreuung, der Kundenbindung und der Neukundengewinnung...................... 60

    1.5.6.1 Stammkundenbetreuung... 60

    1.5.6.2 Kundenbindung.. 61

    1.5.6.3 Neukundengewinnung.. 62

2. Kompetenz des Mitarbeiters / Kundenberaters - Grundvoraussetzung für eine erfolgreiche Kundenberatung / Kundenverhandlung... 65

2.1 Anforderungsfelder an den Mitarbeiter / Kundenberater............. 65

    2.1.1 Psychologische Anforderungen... 65

    2.1.2 Didaktisch – methodische Anforderungen............................. 70

    2.1.3 Anforderungen an die Kompetenz (Fachliches Wissen und praktische Erfahrungen).. 73

    2.1.4 Das Persönlichkeitsbild und Leistungsprofil eines Beraters........... 75

2.2 Erfolgreiche Ablaufprozesse – Verhandlungsstrategien – Kundenaufträge durch Begeisterung, Kompetenz des Beraters und dem Image des Unternehmens (Handlungsanleitung)............ 79

    2.2.1 Erfolgreicher Ablaufprozesse einer Kundenberatung (zeitlich-organisatorische Ablaufplanung)............................... 80

2.2.2 Erfolgreiche Verhandlungsstrategien 85

    2.2.2.1 Vorbereitung 85

    2.2.2.2 Eröffnung 87

    2.2.2.3 Verhandlungsstrategien 88

    2.2.2.4 Einigung und Kundenauftrag 93

    2.2.2.5 Nachbereitung einer Verhandlung 95

2.2.3 Kundenservice in Verbindung mit dem Kundenauftrag 97

2.2.4 Bearbeitung von Reklamationen in Verbindung mit dem erworbenen Produkt oder mit der Erfüllung des Dienstleistungsauftrages 99

2.3 Management der Kundenberatung und Kundenzufriedenheit 102

  2.3.1 Management der Kundenberatung und Kundenzufriedenheit als Gesamtanliegen des Unternehmens 102

  2.3.2 Kundenberatermanagement 104

  2.3.3 Management der Kundenzufriedenheit 105

  2.3.4 Management von Kundenunzufriedenheit 107

2.4 Befragungsmodell über Kundenzufriedenheit 111

  2.4.1 Fragebogen zur produkt- oder dienstleistungsbezogenen Kundenzufriedenheit eines Unternehmens 113

  2.4.2 Fragebogen zu kundenberaterbezogenen Befragungen eines Unternehmens 114

  2.4.3 Fragebogen zu servicebezogenen Fragen eines Unternehmens 115

  2.4.4 Fragebogen zur reklamationsbezogenen Befragung eines Unternehmens 116

2.4.5 Unternehmensbezogener Fragebogen zur Kundenzufriedenheit der Kunden eines Baumarktes..117

3. Analyse, Bilanz und Auswirkungen der Beratertätigkeit...................119

3.1 Analyse und Bilanz der Beratertätigkeit.....................................119

3.2 Ökonomische und psychologische Auswirkungen auf das Unternehmen..138

4. Beispiel des Unternehmens perfecta über begeisterte und kompetente Kundenberatung/Kundenverhandlung und deren Auswirkungen auf das psychologische und ökonomische Ergebnis......141

4.1 Unternehmensdarstellung von der Entstehung bis zur Gegenwart......141

4.2 Wie wirkt sich eine begeisterte und kompetente Kundenberatung / Kundenverhandlung auf das Image des Unternehmens aus?.................145

4.3 Wie werden die Mitarbeiter durch die Unternehmensleitung motiviert und begeistert?...147

4.4 Wie das Unternehmen die Begeisterung und Kompetenz im Mittelpunkt der Kundenberatung / Kundenverhandlung stellt?............149

4.5 Befragungen über Kundenzufriedenheit.....................................153

   4.5.1 Auswertung der Befragung...156

   4.5.2 Welche Auswirkungen hatte und hat die Begeisterung und Kompetenz der Berater und Arbeiter auf die psychologischen Komponenten und auf das Betriebsergebnis des Unternehmens?...161

Literaturverzeichnis..163

Stichwortverzeichnis..164

DANKSAGUNG

Der Autor dieses Buches möchte sich herzlich beim „perfecta Unternehmen", insbesondere beim Geschäftführer für Kundenberatung- Service, Herrn Diller bedanken.

Von diesem Unternehmen kam die Idee, ein Buch über diese Thematik zu schreiben. Durch eine Kundenberatung vor Ort hat mich die Art und Weise der Begeisterung und Kompetenz des Kundenberaters Herrn Diller so fasziniert und beeindruckt, dass ich den Entschluss gefasst habe, darüber ein Buch zu schreiben.

Endgültig bestätigt wurde mein Entschluss nach der Frage: ob sich auch diese ausstrahlende Begeisterung und Kompetenz auf die Kundengewinnung bzw. Kundenbindung auswirkt, wurde diese mit einem eindeutigem „Ja" beantwortet.

Dank auch an das Unternehmen für die Zuarbeit zum 4. Kapitel dieses Buches. In einer beispielhaften Überzeugung wird in diesem Kapitel demonstriert, wie Begeisterung, Kompetenz und Image das Unternehmen bis zum gegenwärtigen Zeitpunkt zum Erfolg geführt haben. Das Unternehmen wurde für seine hervorragenden Leistungen durch mehrere Auszeichnungen gewürdigt.

Ich bedanke mich für die langjährige Zusammenarbeit mit Herrn Diller und wünsche dem Unternehmen weiterhin viel Erfolg.

VORWORT

Neben dem harten Konkurrenzkampf auf den Märkten um Produkte und Dienstleistungen, nimmt auch die Rolle des Kunden eine dominierende Stellung ein. Der Kunde hat viele Auswahlmöglichkeiten von Unternehmen und entscheidet erst nach kritischer Prüfung, welches Unternehmen seinen Vorstellungen, Wünschen und Anforderungen am ehesten gerecht werden kann.
Dabei bedient er sich vielfältiger Informationen und Meinungen von anderen Kunden, die bereits in einzelnen Unternehmen Produkte gekauft oder Dienstleistungen in Auftrag gegeben haben.

Der Kundenberater, als die erste Kontaktperson zwischen Unternehmen und dem Kunden, ist der wichtigste Entscheidungsträger über Erfolg oder Misserfolg einer Kundenberatung oder Kaufverhandlung.

Es hängt wesentlich vom Berater ab, wie er es versteht, mit seiner Ausstrahlungskraft, mit seinem rhetorischem Können, mit seinen Menschenkenntnissen und seiner fachlichen Kompetenz Kunden für einen Auftrag zu begeistern.

Begeisterung und Kompetenz in Übereinstimmung mit dem Image des Unternehmens, sind die wichtigsten Herausforderungen des Unternehmens unserer Zeit geworden, die im Kampf um Kundenbindung maßgeblich beteiligt sind, die aber leider nur in wenigen Unternehmen als die entscheidenden Komponente angesehen werden.

Wie man den Kunden begeistern kann, wird in diesem Buch auf vielfältige Weise dargelegt und an Hand von praktischen Darstellungen und Beispielen demonstriert. Dabei wird die Begeisterung immer im Zusammenhang mit Kompetenz und Image des Unternehmens betrachtet.
Ist der Kundenberater von seinem Unternehmen überzeugt und letztendlich von sich selbst begeistert, dann wirkt sich diese Begeisterung wie eine Kettenreaktion auf die Kunden aus. Werden dann die Kunden von dem Kundenberater engagiert empfangen und setzt sich dieses in der Beratung oder Verhandlung fort, dann überträgt es sich auch auf den Kunden. Wenn dann der Kunde noch neben der begeisterten und kompetenten Beratung oder Verhandlung auch von dem gekauften Produkt und der zusätzlichen Serviceleistungen überzeugt ist, wird er zum Multiplikator, in dem er die Zufriedenheit und Begeisterung an andere weitergibt und damit die Kundengewinnung für das Unternehmen unterstützt. Das ist die billigste Investition für Neukundengewinnung.

Welche Erfahrungen mit einer engagierten und kompetenten Kundenberatung und Verhandlung ein Unternehmen gemacht hat und welche Auswirkungen diese auf das psychologische und ökonomische Ergebnis hatten, wird im 4. Gliederungspunkt deutlich veranschaulicht.

In diesem Buch werden neben Problemdarstellungen viele Anregungen, Hinweise, Tipps und Lösungen für die praktische Umsetzung in der täglichen Arbeit gegeben.

Es ist zwar in erster Linie für den Kundenberater geschrieben, ist aber auch so angelegt, dass auch Verkäufer, andere Mitarbeiter und nicht zuletzt Unternehmensleitungen davon profitieren können. Ebenso wird das Buch auch als Pocketbook für Weiterbildung angeboten.

Es wird praxisbezogen und problemorientiert Folgendes dargestellt:

- Wie kann ich mich als Kundenberater/Verkäufer begeistern?

- Wie begeistert man Kunden?

- Warum ist die Begeisterung, Rhetorik und Kompetenz der wichtigste Erfolgsfaktor der Kundenberatung / Kundenverhandlung und wie lässt sich das managen?

- Wie verhält sich der Konnex zwischen der Begeisterung, Rhetorik, Kompetenz und das Image des Unternehmens auf die Kundenzufriedenheit?

- Wie kann die Begeisterung der Mitarbeiter / Kundenberater durch eine motivierte Unternehmensleitung ausgelöst werden und wie überträgt sich diese auf den Kunden?

- Wie kann man Kundenzufriedenheit, Beratertätigkeit und Arbeitszufriedenheit messen?

- Welche Auswirkungen hat eine begeisterte und kompetente Beratung / Verhandlung auf das psychologische und ökonomische Ergebnis des Unternehmens?

- Wie kann ein Unternehmen durch Motivation, Begeisterung und Kompetenz erfolgreich sein?
  (dargestellt im 4. Gliederungspunkt dieses Buches)

Für die Umsetzung dieses Buches mit seinen Hinweisen, Anregungen, Tipps und praktischen Beispielen wünscht Ihnen der Verfasser viel Erfolg.

1. Faktoren der begeisterten Kundenberatung/Kundenverhandlung

Neben dem harten Konkurrenzkampf auf den Märkten um Produkte und Dienstleistungen nimmt die Rolle des Kunden eine dominierende Stellung ein. Der Kundenberater oder der Verkäufer als die erste Kontaktperson zwischen dem Unternehmen und dem Kunden, ist der wichtigste Entscheidungsträger über Erfolg und Misserfolg einer Kundenberatung oder Kundenverhandlung. Es hängt im Wesentlichen vom Berater ab, wie er es versteht, mit seiner Ausstrahlungskraft, mit seinem rhetorischem Können, mit seinen Menschenkenntnissen und seiner fachlichen Kompetenz Kunden für einen Auftrag zu begeistern und zu motivieren.

Wie sich Begeisterung ausbreiten kann, sollen zwei Darstellungen deutlich machen:

Kreislauf oder Kettenreaktion der Begeisterung

1. Kreislauf der Begeisterung:

Wahrnehmung von subjektiven und objektiven Erscheinungen und Tatsachen, die zur Begeisterung führen ⟵ Höhepunkt der Begeisterung

⇩

Auslösung von Motivationen

⇩

setzt Begeisterung in Kraft

⇘

veranlasst Handlungen ⟶ erreicht eine neue Phase der Begeisterung ⟶ diese löst wiederum auf einer höheren und erweiterten Ebene Motivationen aus

2. Kettenreaktion der Begeisterung: am Beispiel einer Kundenberatung

Auslösung von Motivationen
der Kundenberater geht hochmotiviert und begeistert in das Beratungsgespräch

⇩

setzt Begeisterung in Kraft
der Kunde ist begeistert und motiviert

⇩

veranlasst Handlungen
er kauft das gewünschte Produkt

⇩

erreicht eine neue Phase der Begeisterung
das gekaufte Produkt übertrifft seine Erwartungen

⇩

löst auf einer höheren und erweiterten Ebene Motivationen aus
er gibt diese Begeisterung an andere Personen weiter und motiviert diese für das Unternehmen und sie sind ebenfalls von der Beratung und den übertroffenen Erwartungen der Produktqualität begeistert

⇩

Höhepunkt der Begeisterung
diese Personen kaufen im Unternehmen

⇩

löst wiederum neue Motivationen aus
sie geben die Begeisterung an andere weiter

1.1 Begeisterung und Motivation als eines der Hauptfaktoren erfolgreicher Kundenberatung/Kundenverhandlung

Begeisterung und Motivation sind psychologische und pädagogische Ablaufprozesse die sich in enger Symbiose wechselseitig ergänzen. Der Unterschied zwischen diesen beiden kann wie folgt definiert werden:

a) Begeisterung ist ein Zustand freudiger Erregung, begleitet von ausstrahlender Mimik, Hochstimmung, Eifer und Tatendrang.
b) Motivation dagegen sind psychisch-pädagogische Ablaufprozesse und Beweggründe, die sich in dem Verhalten, den Handlungen und in der Tätigkeit des Menschen widerspiegeln.

Zuerst sollte eine Antwort gegeben werden auf die Frage:

<u>Wie motiviere und begeistere ich mich selbst und wie kann ich das an die Kunden weitergeben?</u>

Motivation und Begeisterung sind in unserer Zeit zum Schlagwort geworden. Jeder, ob Showmaster, Künstler, Filmschauspieler, Politiker, Manager, Berater, Lehrer oder auch Kundenberater möchte begeistert und motiviert sein und seine Begeisterung an andere weitergeben. Voraussetzung dafür ist aber, dass man selbst begeistert und motiviert ist und es durch eigenes Verhalten und Handeln wie:

- Ausstrahlung von Freude und Zufriedenheit
- Ausstrahlung von Glücksgefühlen und positiver Emotion
- Ausstrahlung eines innerlich bewegten, frohen und zuversichtlichen Gesichtsausdruckes
- Ausstrahlung von rhetorischer Souveränität, Kompetenz sowie einer inneren Ruhe und Ausgeglichenheit

zum Ausdruck bringt.

Wenn Begeisterung und Motivation das Publikum, die Mitmenschen, die Kunden ansteckt und sich wie eine Kettenreaktion oder ein Lauffeuer ausbreitet, dann ist der eigentliche Erfolg des Kundenberaters erreicht. Denn Begeisterung verstärkt das emotionale Verhalten und Handeln um ein Vielfaches.

<u>Fazit:</u> Begeisterung und Motivation sind ein großes Plus des Menschen. Sie sind die besten, wertvollsten und best bezahltesten Eigenschaften menschlichen Verhaltens und Handelns.

Sie werden sich jetzt als Kundenberater fragen, was sie tun können, um
begeistert und motiviert zu sein?
Sie werden weiterfragen, wie kann ich diese auf die Kunden übertragen?

Die Eigenschaften der Begeisterung und Motivation hängen in erster Linie von
der Persönlichkeit des Kundenberaters, also von seinem Verhalten, Handeln,
seinen Motiven und Emotionen und seiner fachlichen Kompetenz ab.

Wie kann ich mir als Kundenberater diese Eigenschaften aneignen?

1. Sie müssen gewillt sein und den Mut haben positiv zu denken und zu handeln.
   Sagen Sie zu sich selbst, wenn andere es geschafft haben, begeistert und
   motiviert zu sein, dann will und werde ich es auch schaffen.

2. Gehen Sie immer vom Positiven aus:
   - von den schönen Dingen Ihres Lebens, an die Sie sich gerne erinnern
   - von dem, was Sie schon erreicht haben (Sie waren willensstark)
   - von dem, was Sie noch erreichen wollen (Sie sind willensstark)

3. Nehmen Sie sich vor, noch besser zu werden, noch überzeugender die
   Begeisterung und Motivation auf Kunden zu übertragen.
   Lassen Sie sich von dem Grundsatz leiten, in welchem Maße Ihre Begeisterung
   und Motivation auf den Kunden einwirkt, so erfolgreich ist auch für Sie das
   Kundengespräch.
   Wenn Sie merken, der Kunde ist von Ihrer Beratung begeistert, motiviert und
   zufrieden, dann gibt er die Botschaft auch an andere Personen weiter.
   Damit schließt sich auch der Kreis Ihres Beratungserfolges. Sie gehen gestärkt,
   motiviert und mit neuer Begeisterungsenergie in die weiteren
   Kundenberatungsgespräche.

4. Machen Sie sich ein genaues Bild von der Gedanken- und Gefühlswelt Ihres
   Kunden und identifizieren Sie sich mit dieser. Bringen Sie ihm Anerkennung,
   Bewunderung und Respekt entgegen. Schaffen Sie ein gutes
   Vertrauensverhältnis zum Kunden, zeigen Sie Zuwendungsbereitschaft und
   Toleranz für seine Meinung. Entwickeln Sie beim Kunden Sicherheit,
   Geborgenheit und Selbstständigkeit. Identifizieren Sie sich mit den
   Wertvorstellungen des Kunden.

5. Übertreffen Sie die Erwartungen des Kunden, z.B. durch Ihre begeisterte
   Kundenberatung, durch zusätzliche Serviceleistungen, durch vorfristige
   Lieferung des bestellten Produktes oder Fertigstellung einer Dienstleistung,
   durch nicht erwarteten Preisnachlässe, durch Erfüllung von Sonderwünschen,
   durch Überreichen von kleinen Aufmerksamkeiten, wie Geschenke,
   Einladungen zum Jubiläum, etc.

6. Lassen Sie sich davon begeistern und motivieren, weil Sie Erfolg haben und Ihnen die Arbeit Spaß und Freude macht. Das Image des Unternehmens entwickelt sich mit Ihrem persönlichen Image. Produkt und Leistungen Ihres Unternehmens sind vom Kunden gefragt, weil diese auch den Vorstellungen und Ansprüchen der Kunden entsprechen. Sie heben sich deutlich von anderen Unternehmen ab. Dies ist ein weiterer wesentlicher Aspekt der Ihnen hilft, Ihre Begeisterung und Motivation noch engagierter einzusetzen.

7. Seien Sie von sich überzeugt, Sie sind willensstark, kompetent und rhetorisch begabt und können somit den Kunden souverän entgegen treten. Sie stehen auf der Siegerseite, das sollte Sie begeistern und motivieren.

Fazit:: Nur wer motiviert und begeistert ist wird siegen.

Welche Einflussfaktoren sind typisch für eine begeisterte Kundenberatung?

Es gibt zwei Triebfelder der Begeisterung.

Die **inneren** und die **äußeren** Triebfelder.

1. Die inneren Triebfelder

Die inneren Triebfelder einer begeisternden Kundenberatung werden durch die eigene Begeisterungsfähigkeit des Beraters wirksam. Je mehr er in „Superstimmung" ist, um so begeisterter wird die Beratung und um so erfolgreicher die Verhandlung. Die Entwicklung von der Selbst- Motivation bis zur Begeisterung, das sollte das Ziel eines jeden Beraters sein.

Hier einige der wichtigsten inneren Triebfelder:

- die eigene positive Einstellung und innere Überzeugung zu sich selbst und zum Unternehmen
- Zielstrebigkeit und Ergeiz für die Lösung der Aufgabenstellungen
- mit Freude und Ausstrahlung die Tätigkeit ausüben
- private Sorgen und Probleme überspielen und nicht auf die Kunden übertragen
- mit geübter Rhetorik, Gestik und Mimik die Kunden begeistern
- sich permanent den neuen Anforderungen durch Qualifizierung, Kundenanalyse etc. stellen
- gemachte Fehler korrigieren, aus ihnen lernen und mit neuer Energie an die Aufgabenlösung herangehen
- sich von eigenen Erfolgen begeistern lassen (z.B. Neukundengewinnung)
- das Image des Unternehmens begeistert präsentieren
- die eigene Kompetenz auf hohem Niveau halten und souverän an die Kunden weitergeben
- die positive Einstellung zur Arbeit und zur Tätigkeit gegenüber dem Kunden offenbaren
- Interesse am Kunden, an seinen Wünschen zeigen

Hier noch einmal in einer grafischen Darstellung die inneren Triebfelder:

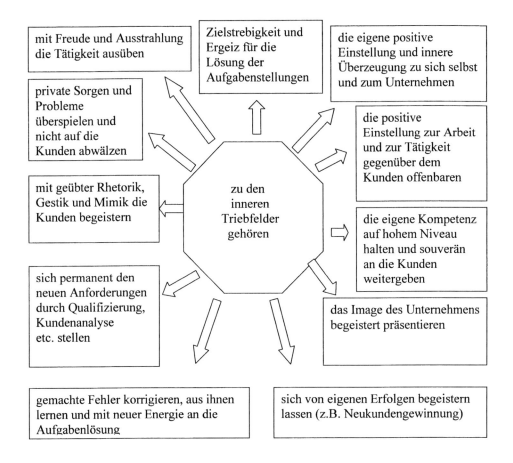

2. Äußere Triebfelder der Begeisterung

Diese werden von außen durch das Image und die Leitung des Unternehmens bestimmt. Sie sind Vorraussetzung für die Entfaltung der inneren Triebkräfte eines Kundenberaters/Mitarbeiters.
So wie die Leitung des Unternehmens ihre Begeisterung auf die Mitarbeiter überträgt, wird auch der Erfolg einer begeisterten Kundenberatung nicht ausbleiben.

Welche äußeren Triebfelder sollten umgesetzt werden?

- soziale Geborgenheit im Unternehmen
- Leistungsanreize
- Freiräume für Eigenständigkeit
- angenehmes Unternehmensklima
- überschaubare und abgegrenzte Aufgabenverteilung
- Forderung und Förderung von Qualifizierungsmaßnahmen
- Einbeziehung der Mitarbeiter in Leitungsentscheidungen
- Erfassung und Auswertung der Mitarbeiterzufriedenheit
- Vertrauen in das Unternehmen

Hier noch einmal in einer grafischen Darstellung die äußeren Triebfelder:

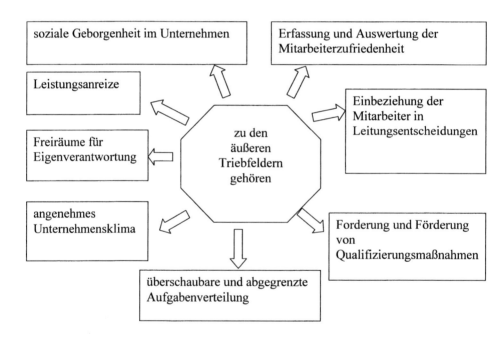

Zum Abschluss noch zwei Beispiele über das Zusammenwirken von Begeisterung und Motivation.

1. Beispiel: Ich wurde durch einen Kunden informiert, dass es ein Unternehmen gibt, welches „Fensterwechsel ohne Dreck" durchführt. Darauf hin bestellte ich den Kundenberater zu mir, der mich dann begeisternd und sachkundig beraten hat. Ich bestätigte danach den Auftrag. Es erfolgte pünktlich, entsprechend der Terminabsprache, der Fensterwechsel. Dieser wurde durch engagierte und sachkundige Monteure durchgeführt und war innerhalb kurzer Zeit und ohne Dreck abgeschlossen.

Was hat mich begeistert?

1. Die freundliche, begeisternde und kompetente Beratung,
2. Die freundlichen, begeisternden und kompetenten Monteure,
3. Die Qualitätsarbeit der Monteure,
4. Die Qualität des Produktes,
5. Der Fensterwechsel ohne Dreck,
6. Die exakte Termineinhaltung.

Diese, meine Begeisterung habe ich dann an andere weitergegeben.
Die Resonanz wurde wiederum begeisternd aufgenommen, mit dem Ergebnis, dass sich einige für eine Kundenberatung entschieden und ebenfalls einen Kundenauftrag unterschrieben haben.

2. Beispiel: Ich werde durch Bekannte motiviert, mir doch den Film X anzuschauen. Sie waren von diesem Film sehr begeistert. Ich tat es auch und war fasziniert von diesem Film. Diese Faszination hat mich veranlasst, die Begeisterung, verbunden mit emotionalen Gefühlen, auf andere zu übertragen. Die Begeisterung über diesen Film wurde ebenfalls von den Teilnehmern bestätigt und an andere weitergegeben.

Fazit: Motivation löst Begeisterung aus, Begeisterung wiederum setzt Handlungsmotivationen in Bewegung und diese wieder setzten sich in eine neue Phase der Begeisterung fort, und erreichen eine höhere und erweiterte Form der Motivationen, die dazu führen, dass die Begeisterung einen weiteren Höhepunkt erreicht.

Für den Kundenberater ergibt sich daraus die Schlussfolgerung und Aufgabe, so wie er selbst begeistert und motiviert ist, so begeistert er auch die Kunden. Es geht nicht nur darum die Kunden zufrieden zustellen, sondern vielmehr sie für das Unternehmen, für das Produkt, für die Dienstleistungen zu begeistern und gleichzeitig ein breites Feld der Neukundengewinnung zu erschließen. Denn begeisterte Kunden kommen immer wieder und bringen neue Kunden mit.
Nähere Ausführungen zur Motivation lesen Sie im **Punkt 1.4** Begeisterung der Mitarbeiter/Kundenberater setzt Motivationen durch die Unternehmensleitung voraus.
Ebenso wichtig sind die Darlegungen im **Punkt 4.** Hier erfahren Sie an Hand eines erfolgreichen Unternehmens, wie begeisterte und kompetente Kundenberatung durchgeführt wird und welche psychologischen und ökonomischen Auswirkungen diese für das Unternehmen hat.

1.2 Rhetorische Fähigkeiten des Mitarbeiters/Kundenberaters
– Prämisse der Kundenbegeisterung

Die alte Kunstform der Rhetorik kommt aus der Kultur der Griechen, die später von den Römern weiterentwickelt wurde. Die Rhetorik wird auch als „Theorie der Beredsamkeit" oder als „Kunst der freien Rede" verstanden.
Auf die Kundenberatung bezogen, versteht man unter rhetorische Fähigkeiten des Kundenberaters, dass er seine Aussagen so verständlich und begeistert formuliert, dass sie überzeugend, sympathisch und wohltuend auf den oder die Zuhörer einwirken. Um den gewünschten Effekt zu erreichen stehen uns drei Werkzeuge zur Verfügung:

- **die Stimme**
- **die Sprache und**
- **die Körpersprache in Form von Gestik, Mimik und Körperhaltung.**

Bevor wir uns im Einzelnen mit den drei Werkzeugen der Rhetorik beschäftigen, sollte eine Antwort auf die Frage gegeben werden, warum die rhetorischen Fähigkeiten des Beraters die Prämisse der Kundenbegeisterung darstellt.
Wie bereits im **Punkt 1.1** dargelegt wird, ist die Begeisterung eng mit der Motivation verbunden. Sind Sie als Berater motiviert und bringen die Motivation über die Begeisterung durch Ihre Stimme, Sprache und Körpersprache rüber, dann wird auch der Kunde von Ihren rhetorischen Fähigkeiten begeistert sein.
Umgekehrt wird es der Kunde auch merken, wenn Sie Ihr Kundengespräch in Form einer aufgezwungenen oder künstlichen Begeisterung führen. In diesem Fall bleibt die überzeugende Begeisterung aus und es kommt zu Missverständnissen, Resignationen und Antisympathien gegenüber den Kunden.
Die Kundenberatung wird dann zum Problem.

Einflussfaktoren, die eine begeisterte Kundenberatung bestimmen sind bereits im **Punkt 1.1** (Innere und äußere Triebfelder der Begeisterung) dargelegt worden.

Welchen Einfluss haben nun Stimme, Sprache und Körpersprache für die Kundenbegeisterung?

1.2.1 Stimme

Die **Stimme** als das Hauptwerkzeug der Kommunikation existiert nicht nur in Form der Stimmlage, des Tonfalles, der Betonung oder des Sprechtempos sondern auch und insbesondere in der Interpretation, der Emotion, der Motivation und der Begeisterung.
Denn es geht nicht in erster Linie darum etwas zu sagen, sondern vielmehr wie es interpretiert und mit welcher Begeisterung das Gesagte artikuliert wird.
Dabei nimmt die Stimmlage als ein Teil der Stimme einen wichtigen Platz ein. So empfinden Kunden eine tiefere Stimme angenehmer als eine hohe oder schrille Stimme. Da bei Stress, Ärger oder Lampenfieber die Tonlage automatisch höher wird, sollte sich ein Kundenberater entspannt, motiviert und voller Optimismus in die Kundenberatung begeben.

Der Tonfall als ebenso wichtiger Bestandteil der Stimme, gibt dem Gesagten die zusätzliche Würze. Schon bei der Begrüßung eines Kunden kann der Tonfall enttäuschend oder begeisternd wirken.
Wenn ein Kundenberater den Kunden aus innerlicher Freude und Begeisterung, unterstützt durch die passende Gestik und Mimik, begrüßt, dann steht der Kunde auf seiner Seite und der Erfolg für das anstehende Beratungsgespräch ist vorprogrammiert.

Die Betonung als weiterer Bestandteil der Stimme setzt besondere Akzente. Sie kann das Interesse wecken und motivierend auf den Kunden einwirken, anderseits aber auch Desinteresse und Resignation hervorrufen. Deshalb sollte eine besondere Betonung auf bedeutsamen Aussagen liegen. Die Betonung ist generell den allgemeinen und konkreten Aussagen anzupassen.

Das Sprechtempo ist ebenfalls ein Bestandteil der Stimme und besonders wichtig für das Erfassen und Verarbeiten von Informationen.
Jede Information wird über Schallschwingungen, die außerhalb der menschlichen Hörgrenze liegen, aufgenommen und in das Kurz- oder Langzeitgedächtnis gespeichert. Wenn durch ein zu schnelles Sprechen die Hörgrenze überschritten wird, werden wichtige Informationen vorübergehend nicht mehr aufgenommen, der Kunde wird überfordert und schaltet ab.
Ist das Sprechtempo zu langsam, fühlt sich der Kunde gelangweilt und in Zeitdruck.

Ein angemessenes Sprechtempo mit Sprechpausen und entsprechender Dehnung eines Satzes oder Wortes, verbunden mit adäquater Betonung, sind optimale Voraussetzungen für die Verarbeitung von Informationen.

1.2.2 Sprache

Durch die **Sprache** als ein weiteres Werkzeug der Kommunikation des Menschen bzw. Kundenberaters werden Wahrnehmungen und Gedanken in eine Lautäußerung, z.B. durch den Kundenberater, übersetzt. Beim Kunden erfolgt die Rückübersetzung des Gesagten in Form von eigenen Gedanken, Vorstellungen und Verhalten. Die Sprache sollte immer zum Ziel haben, möglichst einfach und angenehm zu wirken. Damit erreichen wir eine wirksame Verständigung zwischen dem Kunden und seinem Kundenberater.

Folgende Prämissen sind für die Wirkung der Sprache von Bedeutung:

- die Prägnanz - die Beschränkung auf wesentliche Informationen
- das Sprechen von kurzen Sätzen – dadurch wird die Verständigung erleichtert. Schachtelsätze dagegen führen zu Verständigungsschwierigkeiten und zu Irritationen - anschauliche Beispiele wie: Bilder, Grafiken, u. a. helfen, die Sachverhalte besser darzustellen und erleichtern das Aufnehmen von Informationen
- Fremdwörter und Fachbegriffe erschweren die Rückübersetzung und sind häufige Ursachen für Missverständnisse
- Killerphrasen sollten grundsätzlich vermieden werden. Sie führen in den meisten Fällen der Kundenberatung zum Abbruch des Gespräches. (Beispiel: „Ich bin mehr Fachmann als Sie!" oder „Das geht nicht so!" oder „Das glaube ich Ihnen nicht!").

1.2.3 Körpersprache in Form von Gestik, Mimik und Körperhaltung

Die **Körpersprache** als ein ebenfalls wichtiges Werkzeug der Kommunikation von Mensch zu Mensch, vom Berater zum Kunden, wird von der Gestik, Mimik und der Körperhaltung bestimmt. Es handelt sich hier um eine Kommunikation ohne Worte. Sie äußert sich in der inneren Haltung des Menschen, die durch Bewegungen von Armen und Händen, durch Mimenspiel (Gesichtsausdruck), durch Gebärden (Zeichensprache) sowie Körperhaltung zum Ausdruck gebracht werden. Untersuchungen haben ergeben, dass etwa 50% der Informationen eines Senders (z.B. Kundenberater) durch die unterbewusste Interpretation über Gestik, Mimik und Körperhaltung vermittelt werden. Damit ist sie ein wichtiges Element der Verständigung. Diese körpersprachlichen Signale im Falle eines Kundenberaters werden vom Kunden als Empfänger sehr genau wahrgenommen und meist auch verstanden. Steht das Gesprochene im Widerspruch zu der Botschaft des Körpers, dann entstehen Missverständnisse, die Glaubwürdigkeit wird in Frage gestellt und es kommt zu Verhandlungsschwierigkeiten mit dem Kunden bis hin zum Abbruch des Beratungsgespräches.

Fazit: „Der Körper kann nicht lügen".

Deshalb sollte sich jeder Kundenberater bemühen, die Übereinstimmung von Sprache, Stimme und Körpersprache herzustellen, denn nur so wirkt der Berater glaubhaft, ehrlich und vertrauensbildend.

Empfehlungen für eine wirksame und begeisternde Umsetzung der Körpersprache in der Beratertätigkeit

1. Die Körpersprache mit ihren Bestandteilen Körperhaltung, Gestik und Mimik ist immer mit der inneren Haltung und den Gefühlen verbunden.
   Haltung, Hände und Gesichtsausdruck bleiben dabei ruhig und entspannt und konzentrieren sich auf den Kunden.

2. Gestik und Mimik haben die Aufgabe, das gesprochene Wort durch Bewegung (Körperhaltung, Hand- und Mundbewegung), Gesichtsausdruck (Ausdruck der Begeisterung, der Entspannung und der Sympathie) verständlich zu machen oder zu unterstreichen.

3. Gestik und Mimik sollten grundsätzlich an passender Stelle und zur passenden Zeit Anwendung finden. Dabei ist darauf zu achten, dass sie nicht überdreht oder untertrieben artikuliert werden. Überdreht reagieren bedeutet, das Gesagte künstlerisch oder hyperbolisch zu übertreiben. Untertrieben ist, wenn Hände und Gesichtsausdruck starr wirken und die Körperhaltung wenig Reaktionen zeigt. Anzustreben sind in jedem Fall natürliche Gesten.

4. Die Anwendung von Gestik und Mimik sind nur dann sinnvoll und effektiv, wenn sie im Einklang mit der Körperhaltung und dem Redeinhalt stehen. Es wäre falsch, wenn z.B. der Kundenberater in Worten Optimismus und Begeisterung ausstrahlt und seine Gestik und Mimik von ballenden Fäusten und bösen Gesichtsausdrücken gekennzeichnet ist, oder einen schläfrigen Eindruck vermittelt.

5. Neben dem bereits Gesagten, sollten der Blickkontakt nicht vergessen werden. Die Augen geben der Gestik und Mimik ihre besondere Aufmerksamkeit und Wirkung. Beim Blickkontakt schweifen die Augen nicht ziellos oder suchend umher, sondern sind ständig auf den Partner gerichtet, ohne ihn dabei zu fixieren. Fehlender Blickkontakt wird vom Gesprächspartner/Kunden als mangelnde Aufmerksamkeit oder auch als Unsicherheit des Beraters angesehen.
Natürlich wird der Kundenberater nicht ständig den Kunden ansehen, denn der Blickkontakt ändert sich, wenn der Berater dem Kunden am Objekt Erläuterungen gibt oder sich Notizen macht u. a. m.. Dieser Blickkontaktwechsel wird vom Kunden akzeptiert und auch als wohltuend empfunden.
Wichtig ist, mit den Augen ständig die Reaktionen des Kunden zu beobachten und auf ihn positiv einzuwirken.

| Merken Sie sich, „Augen lügen nicht", „Augen sind das Fenster zur Seele". |

Noch einige wichtige Formulierungen zur Körpersprache

Gedanken und Gefühle kommen aus dem Inneren und sie strahlen auch nach außen aus, ob gewollt oder ungewollt. Die körpersprachliche Wahrnehmung, die Signale, die wir zeigen und die wir von anderen Menschen erhalten, unterstreichen den Eindruck einerseits und die Reaktion auf das gesprochene Wort anderseits.

Die Ausstrahlung und Begeisterung dagegen zeigen sich im Erlebnis. Persönliche Ausstrahlung und Begeisterung muss gelebt werden. Die Lebendigkeit, Motivation und Dynamik sind in den Augen des Menschen zu erkennen. Ein Lächeln, das vom Herzen kommt, ergreift auch das Herz des anderen.
Sie werden jetzt die Frage stellen, was kann ich als Berater persönlich tun, um meine Ausstrahlung und Begeisterung zu verstärken?

Dazu einige Tipps:

1. Nehmen Sie sich vor dem Kundengespräch einige Minuten Zeit für die Entspannung. Nutzen Sie diese Zeit, um in Gedanken Ihre eigenen Vorstellungen zum Gespräch vor Ihrem geistigen Auge ablaufen zu lassen.
2. Glauben Sie an sich selbst, an Ihre Stärken, an Ihre Kompetenz, an Ihren Willen und an Ihre Selbstsicherheit. Stimulieren und begeistern Sie sich an Ihren Erfolgen, an Ihrem Image, das Sie besitzen. Denken Sie an die schönen Tage Ihres Lebens.
3. Schöpfen Sie immer wieder neue Kraft durch Entspannung, wie Sport, Training, Theaterbesuche u.a.m.
4. Schaffen Sie sich ein Gefühl der inneren Ausgeglichenheit und Zufriedenheit. Wenn Sie als Berater im täglichen Geschehen gestresst und gereizt wurden, nutzen Sie den Feierabend für einen harmonischen Ausgleich. Vergessen Sie die Arbeit, indem Sie sich sportlich betätigen, Ihren Hobbys nachgehen oder andere, für Sie angenehme Dinge verrichten.

1.2.4 Rhetorik am Telefon

Die Rhetorik beim Telefonieren ist eine andere Art der Beratertätigkeit. Die Besonderheit besteht darin, dass kein visueller Kontakt zu den Kunden besteht. Gestik, Mimik und Körperhaltung treten nicht in Erscheinung (nur nonverbal, nicht durch Sprache). Stimme und Sprache sind die Handwerkszeuge eines Telefongespräches.

Da die Stimme das entscheidende Handwerkszeug bei der Vermittlung von Informationen einnimmt, sollte hier vom Kundenberater besonderes Augenmerk gelegt werden, denn der Klang der Stimme wirkt stärker als viele Worte. Auch die Sprache selbst ist von Bedeutung, weil durch die Wortwahl das Telefonieren erst seinen eigentlichen Sinn und Zweck erfüllt. Es kommt nicht in erster Linie darauf an, dass Sie etwas sagen oder was Sie sagen, vielmehr wie Sie etwas sagen. Denken Sie an das Sprichwort: "Der Ton macht die Musik". Auch ein anderes Sprichwort bestätigt die Tatsache, dass die Art und Weise wie Sie es einem Kunden sagen, in welcher Stimmlage, mit welchem Tonfall, mit welcher Betonung oder auch mit welcher Prägnanz, immer mit Resonanz verbunden ist, denn: „Wie man in den Wald hineinruft, so schallt es auch zurück".

Welche Vor- und Nachteile hat ein Kundengespräch am Telefon?

Vorteile:
1. Schneller Kontakt zum Kunden oder Kunde zum Berater z.B. Terminfestlegung für eine Gesprächsvereinbarung vor Ort.
2. Einsparung an Zeit und Kosten für beide Partner z.B. bei Warenlieferung.
3. Schnellere Abwicklung und Bereitstellung von Waren und Produkten für den Verkauf.
4. Schnellere Auftragsauslösung und Auftragsbestätigung für Warenlieferung oder für Kundenaufträge im Dienstleistungshandwerk (insbesondere bei Stammkunden).
5. Schneller Kontakt mit Kunden bei Produktwerbung und Neukundengewinnung
6. Klärung noch offener Punkte / Aspekte / Fragen.

Nachteile:
1. Kein persönlicher Kontakt zwischen Kundenberater und Kunden.
2. Der Berater hat weniger Zeit für eine ausführliche und sachkundige Beratung.
3. Keine Überprüfung der bestellten und gelieferten Waren auf Funktion, Design, Leistung und Qualität.
4. Beratergespräche sind oft mit superlativen Aussagen verbunden, die nicht immer der Realität entsprechen, z.B. Übertreibung von Leistung und Qualität einer Ware, Übertreibung von Dienstleistungsangeboten.

<u>Wichtig für den Kundenberater</u> – „Auf dem Boden bleiben und die Wahrheit sagen". Nur so bewahren Sie ihr eigenes Image und das Image Ihres Unternehmens und Ihre Kunden bleiben Ihnen treu.

Einige Tipps zum rhetorischen Verhalten beim Telefonieren.

1. Sie sollten sich auf ein Gespräch gut vorbereiten und zwar rhetorisch, kompetent und motivisch. Sie sollten wissen, was sie sagen wollen bzw. was Sie dem Kunden antworten, wie Sie antworten und wie Sie den Kunden begeistern wollen.

2. Es ist beim Telefonieren der Unterschied zu beachten, ob es sich um einen Stammkunden handelt, um einen Neukunden, der bei Ihnen einen Auftrag erteilen möchte, oder ob Sie eine Werbeaktion für Neukundengewinnung starten. Jede dieser Kundenarten hat seine rhetorische Spezifik, die in jedem Fall beim Telefonieren beachtet werden sollte. Sie werden es sicherlich angenehmer finden und es leichter haben, mit einem Stammkunden, den Sie persönlich kennen, zu kommunizieren, als z.B. mit einem Neukunden. Beim Neukunden sollten Sie sich mehr Zeit lassen, wenn es um eine Beratung geht. In diesem Fall ist es wichtig, die rhetorischen Instrumente wie Stimme, Formulierung, Kompetenz und Motivation überzeugend zu demonstrieren. Besser wären Sie beraten, wenn Sie den Neukunden bitten, vor Ort ein persönliches Kundengespräch mit ihm zu führen.
<u>Wichtig ist,</u> ob Sie anrufen oder ein Kunde ruft Sie an, immer darauf achten, dass Ihr Image und das Image Ihres Unternehmens nicht beschädigt wird.

3. Wenn Sie telefonieren, achten Sie immer auf Ihre Stimme und auf Ihre Formulierung. Beachten Sie dazu die Hinweise im Gliederpunkt **1.2.1** und **1.2.2**.

Welche Spezifik gilt es beim Telefonieren gegenüber einem persönlichen Kundengespräch zu berücksichtigen?

Da Sie beim Telefonieren wenig Zeit zur Verfügung haben, müssen Sie sich auf das Wesentliche beschränken ohne dabei das rhetorische Verhalten zu vernachlässigen. Gehen Sie deshalb methodisch wie folgt vor:

a) Nach der Begrüßung und persönlichen Vorstellung fragen Sie den Kunden mit einer angenehmen, freundlichen, klaren und überzeugenden Stimme:
 - nach seinen Namen
 - welches Unternehmen er vertritt
 - nach seinem Anliegen.

b) Antworten sie dem Kunden:
 - freundlich kompetent
 - leicht verständlich
 - sachbezogen
 - präzise
 - begeisternd
 - überzeugend.

c) Bei Nachfragen oder Einwandfragen des Kunden:
 - gehen Sie konkret auf die Fragestellung ein
 - erläutern Sie dem Kunden mit einfachen Worten oder Beispielen seine Nachfragen oder Einwände
 - fragen Sie den Kunden, ob er Ihre Ausführungen verstanden hat
 - wenn Missverständnisse am Telefon nicht beseitigt werden konnten, dann bitten Sie den Kunden um ein persönliches Gespräch vor Ort. Laden Sie ihn dazu möglichst kurzfristig ein (persönliches Gespräch nicht auf die lange Bank schieben – sonst droht das Gespräch zu platzen).

Beachten Sie: Meistens ist eine Nachfrage oder ein Einwand ein Kaufsignal – bleiben sie am Kunden dran, räumen Sie schnellstens Missverständnisse aus!

Zusammenfassend sollten folgende Grundregeln dem Kundenberater helfen, eine erfolgreiche, rhetorische Gesprächsführung durchzuführen:

Folgende Kriterien sind für den Beratungserfolg von Bedeutung:

- Begrüßung, danach Platz und Getränke anbieten, sich vorstellen und Anliegen des Kunden abfragen.
- Sprechen Sie immer klar und deutlich.
- Benutzen Sie keine Fachbegriffe, die der Kunde nicht versteht.
- Variieren Sie das Sprechtempo - Wichtiges langsamer
  - Unwichtiges schneller sprechen.
- Bleiben Sie immer freundlich.
- Halten Sie den Blickkontakt während des gesamten Gespräches zum Kunden.
- Unterstreichen Sie ihre Worte mit angepasster Gestik und Mimik.
- Zeigen Sie Begeisterung.
- Sprechen Sie positiv über die Gefühle des Kunden.
- Überzeugen Sie den Kunden mittels einer positiven Ausstrahlung.
- Benutzen Sie Unterlagen wie Bilder, Muster und Kopien.
- Arbeiten Sie mit bildhaften Ausdrücken – das wirkt lebendig und verständlich.
- Unterstreichen Sie Bilder mit Fragen z.B. „Was halten Sie davon?".
- Nennen Sie Beispiele, die der Kunde versteht.
- Sprechen Sie den Kunden immer persönlich mit Namen an.
- Machen Sie Sprechpausen.
- Sprechen sie übersichtliche und kurze Sätze – keine Schachtelsätze.
- Sprechen Sie von Dingen, die den Kunden interessieren.
- Stellen Sie in jedem Gespräch den Nutzen in den Vordergrund und sagen Sie dem Kunden welchen Wert und Nutzen das Produkt für den Kunden hat.
- Bauen Sie sukzessive Vertrauen beim Kunden auf, nur so kommt es zu einer Einigung.

Welche Fehler werden zum Teil noch vom Kundenberater gemacht, die oft dazu führen, dass Kundengespräche nicht zum Erfolg führen?

Eigentlich sollte der Kunde König und auch nach diesem Status vom Kundenberater behandelt, betreut und beraten werden.
Leider kommt es noch in vielen Fällen der Kundenberatung vor, dass Kunden sich vom Berater verlassen fühlen und nicht immer willkommen sind.
Einige Berater sehen in erster Linie den Um- bzw. Absatz Ihrer Waren und Dienstleistungen, weniger das eigentliche Ziel einer zufriedenen Kundenberatung.
Oft werden aus Zeitgründen des Kundenberaters nur allgemeine und kurze Antworten auf gestellte Fragen des Kunden gegeben. Bei Reklamationen bzw. Beanstandungen eines Produktes oder einer Dienstleistung haben Kunden manchmal den Eindruck auf taube Ohren zu stoßen. Der Einigungsweg ist oft schwierig und zeitaufwendig.

Welche anderen Fehler noch gemacht werden, soll nachfolgend aufgezeigt werden.

- eine zu schnelle Terminzusage und eine mangelnde Vorinformation über den Kunden,
- Zeitdruck und die dadurch mangelnde Vorbereitung
- ein schlechter Beginn und Einstieg in das Beratungsgespräch
- zu starke Manuskriptgebundenheit und deshalb kein oder zu mangelhafter Blickkontakt, dadurch wenig Aufmerksamkeit von Seiten des Kunden,
- es wird eine ungenügende Zuhörerbezogenheit des Kunden hergestellt
- der „rote Faden" und ein klares Dispositionskonzept fehlt,
- es wird zu schnell, zu langsam, zu leise oder zu laut gesprochen,
- die Gesprächsführung des Beraters ist zu langatmig und damit für den Kunden zu langweilig.
- es fehlt an Engagement und Begeisterung,
- es ist kein Schlussappell vorhanden,
- schlechte Kondition, wie Unausgeschlafensein, Hektik und Unruhe,
- Verwendung von zu vielen Fremdwörtern und Fachausdrücken.

Abschließend einige Ratschläge zur Selbsteinschätzung der Beratertätigkeit

Haben Sie schon einmal durch andere einschätzen lassen, wie Sie beim Kunden ankommen?
Haben Sie den Kunden gefragt, ob Sie richtig verstanden wurden, ob Ihre Rhetorik und Körpersprache angemessen und übereinstimmend war und beim Kunden Resonanz gefunden hat?
Diese Methode kann zwar eine Bestätigung sein, die aber mit subjektiven Aussagen verbunden sein kann: „Man möchte ja niemanden wehtun".
Eine weitaus bessere und aussagekräftigere Methode wäre, wenn Sie sich selbst testen und zwar:

1. Stellen Sie sich vor einen Spiegel und sprechen Sie so, als wenn Sie einen Kunden vor sich haben, dazu beobachten Sie Ihre Gestik, Mimik und Körperhaltung.
   Beim Telefonieren sollten Sie neben einer Spiegelbeobachtung die Stimme und die Wortwahl mit einem Aufnahmegerät festhalten. Während Sie „live" telefonieren, lassen Sie das Aufnahmegerät mitlaufen. Hören Sie danach das aufgezeichnete Gespräch ab und schätzen Sie selbst oder durch andere Ihre Stimme und Ihre persönliche Wortwahl ein.

<u>Kommen Sie dann zur Selbsteinschätzung!</u>
Wenn Sie der Meinung sind, es war nicht befriedigend, dann üben Sie so lange, bis Sie Ihr Ziel erreicht haben.

2. Eine weitaus bessere Methode wäre der Einsatz einer Videokamera. Hier können Sie sich genau beobachten, wie Sie sprechen, was Sie sprechen, wie Ihre Stimmlage ist und ob das Gesprochene mit Ihrer Gestik, Mimik und Körperhaltung synchron abläuft.
Wenn es nicht der Fall ist, dann üben Sie weiter, denn:
„<u>Übung macht den Meister!</u>"

1.3 Konnex zwischen Begeisterung, Rhetorik und Kompetenz

Begeisterung, Rhetorik und Kompetenz ist eine Dreierkombination, die sich in der praktischen Umsetzung nur als Einheit wirksam entwickeln kann. Bleibt eines dieser Elemente aus, zum Beispiel die Kompetenz, dann kann der Berater noch so gut die Rhetorik beherrschen und Begeisterung ausstrahlen, im Endeffekt merkt der Kunde genau ob der Berater die entsprechende Kompetenz besitzt, um eine sach- und fachkundige Beratung durchführen zu können. Sicherlich gelingt ihm, vieles zu überspielen, aber wenn es im Konkreten darauf ankommt auf gestellte Fragen des Kunden, z.b. zum Kunden- Nutzen, zu Qualitätsparametern des Produktes oder einer Dienstleistung, zu Vor- und Nachteilen der Produkte sachkundig zu beraten, merkt es der Kunde sehr schnell, wie es um seine Kompetenz bestellt ist.
Besonders dann, wenn er unsicher ist, wenn er Zusammenhänge nicht richtig sachkundig erklären kann, wenn es ihm schwer fällt technische Daten und Parameters eines Produktes näher zu erläutern oder wenn er z.b. einen Kostenvoranschlag für eine Dienstleistung erstellen soll.
Wird dieser Teil der Dreierkombination nicht zur Zufriedenheit erfüllt, ist die Kundenberatung enttäuschend für den Kunden gelaufen. Er überlegt dann, ob er sich noch einmal von dem Berater beraten lässt, einen anderen Berater oder gar ein anderes Unternehmen aufsucht. In diesem Falle sollte der Berater sich schnell bemühen durch entsprechende Weiterbildungsmaßnahmen und Aneignungen weiterer praktischer Erfahrungen seine Defizite auszugleichen.

Annähernd analog verhält es sich, wenn rhetorisches Wissen und Können sowie Menschenkenntnisse beim Berater schwach entwickelt sind.
Obwohl er kompetent ist und Begeisterung ausstrahlt, fehlt ihm andererseits das rhetorische Wissen und die Menschenkenntnis mit dem Kunden richtig umzugehen und überzeugend zu kommunizieren.
Die Rhetorik in Form der verbalen und nonverbalen Sprache, die als zentrale Ausdruckskraft der Verständigung zwischen Berater und Kunde dient, sollte ein guter Berater voll beherrschen.
Eine geschulte und geübte Rhetorik und die dazu gehörenden Kenntnisse über Menschen- bzw. Kundentypen sind die wichtigsten Vorraussetzungen und die eigentliche Würze für den Berater, um Kunden für den Kauf eines Produktes zu überzeugen.
Leider besitzt nicht jeder Berater diese Eigenschaften. Verfügt ein Kundenberater über ausgezeichnetes fachliches Wissen und Können, hat aber Schwierigkeiten diese mit rhetorischem Können dem Kunden überzeugend und begeisternd nahe zu bringen, dann fällt es dem Kunden schwer, sich für eine Kaufbindung zu entscheiden.
Man sollte sich davon leiten lassen, dass nicht jeder Arbeiter oder Angestellte eines Unternehmens rhetorisch in der Lage ist eine Beratertätigkeit auszuüben. Dazu gehören neben der Veranlagung, die entsprechende Aneignung von rhetorischem Wissen und die dazugehörige Praxiserfahrung.

Gleichermaßen verhält sich die Begeisterung als drittes Instrument in der Dreierkombination. Obwohl die Begeisterung und Motivation eines der wichtigsten Faktoren in der Beratung oder Verhandlung einnehmen, werden auch sie nur effektiv wirksam, wenn sie in der Einheit mit den anderen Instrumenten, wie Rhetorik und Kompetenz, umgesetzt werden.

Begeisterung und Motivation, die sich wechselseitig ergänzen, sind psychologische und pädagogische Ablaufprozesse, die sich im Verhalten, Handeln und in der Tätigkeit des Beraters äußern. Sie sind eng mit der Rhetorik und Kompetenz verbunden und sind von außerordentlicher Bedeutung für die Beratung und Verhandlung mit dem Kunden. Sie ziehen sich wie ein roter Faden durch diesen Prozess, angefangen von der Begrüßung des Kunden bis hin zum Kundenauftrag.

Begeisterung und Motivation sind Eigenschaften des Beraters, die sehr stark die emotionale Seite des Kunden beeinflussen und mit ausschlaggebend sind für den erfolgreichen Verlauf der Gesprächsführung.

Vorraussetzung für den Verlauf eines erfolgreichen Berater- und Verhandlungsprozesses ist aber, dass die Begeisterung und Motivation vom Berater ausgeht. Ist es nicht der Fall, wenn z. B. ein Stimmungs- oder Emotionstief beim Berater eingetreten ist, dann wird auch hier der Erfolg ausbleiben.

Wie man diese Stimmungs- und Emotionstiefs in Vorbereitung eines Gespräches überwinden und sich begeistern und motivieren kann, ist Sie im **Punkt 1.1** beschrieben.

Ebenso beachtenswert sind die Hinweise zur Rhetorik im **Punkt 1.2** und die Hinweise zur Fachkompetenz im **Punkt 2.1**.

Eine nachfolgende grafische Darstellung soll den Konnex zwischen Begeisterung, Rhetorik und Kompetenz zu wichtigen Beziehungsfaktoren deutlich machen.

Beziehungsfaktoren

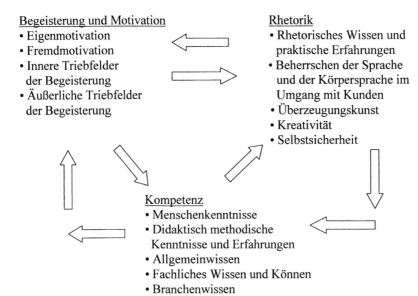

1.4 Begeisterung der Mitarbeiter / Kundenberater setzt Motivation durch die Unternehmensleitung voraus (Motivationsparameter)

Die Motivationspsychologie im Unternehmen zeigt sich zum einem in der Motivation der Mitarbeiter für eine positive Einstellung zur Arbeit und zum anderen in der Befriedigung der Bedürfnisse der Beschäftigten.

Die Motivation der Mitarbeiter ist insbesondere aus der Sicht des Konkurenzkampfes und der schlechten Konjunkturlage eines der Hauptprobleme der Unternehmensführung geworden. Erfahrungen der Vergangenheit und der Gegenwart beweisen, dass motivierte Mitarbeiter weitaus besser in die Lage versetzt werden:

- mehr Verantwortung zu übernehmen
- positive Einstellung zur Arbeit zu haben
- hohe Leistungen zu vollbringen
- gute Qualitätsarbeit zu leisten und
- das Image des Unternehmens positiv zu vertreten.

Der Leitsatz der Unternehmensleitung sollte deshalb sein, nicht durch Disziplin und Gehorsam das Verhalten der Mitarbeiter zum Erziehungsziel zu machen, sondern vielmehr durch eigene Vorbildwirkung, durch Begeisterung und durch kooperatives Verhalten auf die Mitarbeiter Einfluss zu nehmen. Nur dann gelingt es, das Verhalten der Mitarbeiter im Sinne der Unternehmungsziele, zu steuern.

> **Fazit:** Nur ein begeisterter und motivierter Vorgesetzter kann Vorbild sein und sein Team begeistern und motivieren, wenn er auf die Bedürfnisse, Interessen und Motive am Arbeitsplatz eingeht und diese im Handeln umsetzt.

Aus der Erkenntnis ergeben sich wichtige Ansätze bzw. Motivationsparameter für die Lösung von Problemen im Motivationsmanagement eines Unternehmens.

Hier sollten die Wichtigsten genannt werden:

1. Die Vorgesetzten im Unternehmen sollten Vorbildwirkung ausstrahlen und möglichst hoch motiviert sein. Wenn das der Fall ist, springt auch der Funke auf die Mitarbeiter über. Sie werden motiviert und engagiert.

2. Es gilt die Arbeitszufriedenheit der jeweiligen Mitarbeiter zu ermitteln, um damit anstehende Fragen und Probleme des Unternehmens zu lösen und gleichzeitig materielle und moralische Anreize zu schaffen, die den Interessen entgegenkommen und dem Verhalten der Mitarbeiter neuen Aufschwung verleihen.

Im Mittelpunkt dabei steht, eine bessere Identifizierung der Mitarbeiter mit dem Unternehmen, damit die persönlichen Ziele und Interessen mit denen des Unternehmens abgestimmt und in Übereinstimmung gebracht werden.

3. Die Mitarbeiter sollten in bestimmten Abständen über Ergebnisse, Probleme und anstehende Umstrukturierung und andere Maßnahmen informiert und in Entscheidungsprozesse einbezogen werden. Dadurch werden Mitbestimmung, Eigeninitiative, Vertrauen und Arbeitsmoral geweckt und gestärkt.

4. Es ist von außerordentlicher Bedeutung, wenn den Mitarbeitern von Seiten der Unternehmensleitung Freiräume für eigenverantwortliches Handeln und Autonomie für eigene Entscheidungen, im Rahmen der Zielvorgaben, gewährt werden. Denn Streben nach Selbstverwirklichung jedes Einzelnen ist eines der wichtigsten Prinzipien. Damit werden auch gleichzeitig die Triebkräfte der vollen Entfaltung der persönlichen Fähigkeiten, Fertigkeiten und Eigeninitiative der Mitarbeiter aktiviert, die letztlich für das Unternehmen von außerordentlicher psychologischer und ökonomischer Bedeutung sind.

5. Neben den bereits erwähnten Motivationsparametern ist eine aktive Pflege und Förderung des Unternehmensklimas von hoher Relevanz.
    Dazu zählen:
    - ehrlicher und vertrauensvoller Umgang mit- und untereinander
    - Schaffung einer offenen und hilfsbereiten Zusammenarbeit der Leitung des Unternehmens mit den Mitarbeitern
    - regelmäßige Analyse der Arbeitszufriedenheit der Mitarbeiter insbesondere der Probleme am Arbeitsplatz und im privatem Bereich
    - Einhaltung von Versprechungen, Absprachen und Zusagen im Arbeitsprozess selbst, in der Lohnpolitik, der moralischen Stimulierung, der persönlichen Entwicklung und anderen Schwerpunktaufgaben.
    - funktionierende Kommunikationswege zum Unternehmen.

6. Ein weiteres Motivationselement ist die volle Wahrnehmung der Unternehmensleitung für eine bessere Nutzung des Potentials von Wissen, Können und Fähigkeiten der Mitarbeiter. Dabei sollte überprüft werden, wer von den Mitarbeitern überfordert und wer unterfordert ist.
Denn Überforderung führt letztlich zur Demotivation, Unterforderung dagegen zur Unzufriedenheit und eingeschränktem Freiraum für die Entfaltungsmöglichkeiten im Sinne der Nutzung von vorhandenem qualitativen und quantitativen Leistungsvermögen der Mitarbeiter.
Weiterhin ist es auch wichtig, Möglichkeiten für eine weitere Qualifizierung Der Mitarbeiter zu schaffen. Diese sollte gezielt und in Übereinstimmung mit dem Mitarbeiter geplant und verbessert werden.

Von Bedeutung sind dabei:

a) die innerbetrieblichen Qualifizierung, wie:
- Erfahrungsaustausch, Erfahrungsvermittlung
- Ideen- und Innovationskonferenzen
- Nutzung überbetrieblicher Erfahrungen
- Förderung der Selbstfortbildung

b) die außerbetrieblichen Qualifizierung, wie:
- Sicherung des Nachwuchses über Lehrlingsausbildung
- Arbeitsplatzbezogene Aneignung von Wissen und Fähigkeiten über die Weiterbildung
- Nachwuchsausbildung für Leitungsfunktionen entsprechend des vorgesehenen Einsatzes
- spezifische Kundenberaterweiterbildung entsprechend des Einsatzes vor Ort
- Nutzung von Exkursionen, Ausstellungen, Messen für die Kenntniserweiterung

7. Die Mitarbeiterzufriedenheit eines Unternehmens hat auch einen großen Einfluss auf den persönlichen Kontakt zum Kunden. Sind die Mitarbeiter von ihrem Unternehmen begeistert und motiviert, geben sie diese Begeisterung und Motivation durch Hilfsbereitschaft, Freundlichkeit und fachlicher Kompetenz an die Kunden weiter. Steht hinter dieser Begeisterung und Motivation auch die Produktqualität des Unternehmens, dann fällt es dem Kunden leicht, sich für dieses Unternehmen zu entscheiden. Er ist überzeugt von der Einheit der Mitarbeiterzufriedenheit und der Produktqualität. Damit ergibt sich eine enge Wechselbeziehung zwischen Arbeitszufriedenheit der Mitarbeiter und der Kundenzufriedenheit.
Die Umsetzung dieser Beziehungsprozesse im Denken und Handeln der Unternehmensleitung stellen eine der wichtigsten Ressourcen des Unternehmens dar.

8. Da die Arbeitszufriedenheit als wichtiger Motivationsfaktor einen dominierenden Platz im Unternehmen einnimmt, sollten in regelmäßigen Abständen schriftliche Umfragen oder Belegschaftsversammlungen oder Workshops zur Mitarbeiterzufriedenheit durchgeführt werden. Diese Umfragen versetzen die Unternehmensleitung in die Lage, den Prozess der Meinungsbildung in ihrem Unternehmen zu erforschen und entsprechend zu reagieren. Aus den Umfragen können die Meinungen detailliert erfasst, ausgewertet und entsprechende Schlussfolgerungen abgeleitet werden.

Folgendes Modellbeispiel soll helfen, Befragungen in einem Unternehmen durchzuführen. Die Fragestellungen sind auf aktuelle und problemorientierte Schwerpunkte gerichtet. Das Befragungsmodell ist methodisch logisch aufgebaut und recht einfach in der Auswertung.
Die Bewertung der Fragen von Seiten der Befragten wird in folgende 4 Skalen festgelegt:
>Skale 1 (sehr gut)
>Skale 2 (gut)
>Skale 3 (befriedigend)
>Skale 4 (ungenügend)

Jede Fragestellung wird von den Befragten nur einmal mit einem X in die jeweiligen Skalenfelder eingetragen. Bei der Auswertung der Befragung wird dann der Durchschnittswert ermittelt, in dem die einzelnen Skalenwerte durch die Anzahl der Befragungsteilnehmer dividiert werden.

Der Skalendurchschnitt ist nur ein Mittel für die Vergleichbarkeit innerhalb von Abteilungen/Bereichen, aber auch zu anderen Unternehmen.
Da dieser noch nichts Konkretes zu einzelnen Problembereichen im Unternehmen aussagt, sollten die einzelnen Fragen in ihrer Bewertung und Wichtung näher beleuchtet werden. Dadurch wird die Unternehmensleitung besser in die Lage versetzt (wenn z.B. ein großer Anteil der Bewertung in der Skale 3 oder 4 angekreuzt wurde) differenzierte Einschätzungen vorzunehmen und gleichzeitig Maßnahmen einzuleiten, um die Arbeitszufriedenheit im jeweiligen Problem- und Befragungsbereich zu verbessern.

1.4.1 Befragungsmodell für Mitarbeiter zur Arbeitszufriedenheit

Die Bewertung der Fragen von Seiten der Befragten wird in folgende 4 Skalen festgelegt:
- Skale 1 (sehr gut)
- Skale 2 (gut)
- Skale 3 (befriedigend)
- Skale 4 (ungenügend)
- Kurze v.B. = Kurze verbale Bewertung der Einzelfragen

Fragestellungen:	Bewertung: nur einmal X				
	Skale 1	Skale 2	Skale 3	Skale 4	kurze v.B.
1. Befriedigt Sie die derzeitige Arbeitsaufgabe (Arbeitsinhalt)?					
2. Wird Ihre Tätigkeit von der Unternehmensleitung anerkannt (z.B. Lob, Prämie, etc.)?					
3. Haben Sie Freiräume für eigenverantwortliches Handeln?					
4. Sind Sie in Ihrer Tätigkeit überfordert?					
5. Sind Sie in Ihrer Tätigkeit unterfordert?					
6. Wie schätzen Sie das derzeitige Betriebsklima ein?					
7. Wie ist die Teamarbeit ausgeprägt?					
8. Wird Ihnen die Möglichkeit der eigenen und betrieblichen Weiterbildung eingeräumt?					
9. Gibt es Übereinstimmungen zwischen persönlichen und betrieblichen Interessen?					
10. Wie werden Konflikte gelöst?					
11. Werden Ihre Ideen und Vorschläge gehört und anerkannt?					
12. Werden Sie von der Unternehmensleitung regelmäßig über anstehende Probleme und Fragen informiert (z.B. über Umstrukturierung, über Finanzierungsprobleme)?					
13. Werden Sie in wichtigen Entscheidungsprozessen der Unternehmungsleitung einbezogen?					
14. Schätzen Sie Ihren Arbeitsplatz als sicher ein?					

15. Ist Ihre Leistung dem Verdienst (Lohn) angepasst?				
16. Wie ist das Verhalten Ihres Vorgesetzten?				
17. Wie ist die Vorbildwirkung der Unternehmensleitung?				

Hinweis: Von den Teilnehmern wird nur einmal die Beantwortung der Frage
angekreuzt = X, Skale 1, oder Skale 2, oder Skale 3, oder Skale 4.
mit der mit der mit der mit der
Note 1 Note 2 Note 3 Note 4

Beispiel für die Auswertung einer Befragung

20 Mitarbeiter des Unternehmens nahmen an der Befragung teil. Es waren 17 Fragen zu beantworten.

Die 17 Fragen wurden von den 20 Mitarbeitern wie folgt bewertet:

Mitarbeiterbefragungen (= die Anzahl der bewerteten Fragen von 1-17)

  40 Mitarbeiterbefragungen mit der Note 1
 100 Mitarbeiterbefragungen mit der Note 2
 160 Mitarbeiterbefragungen mit der Note 3
  40 Mitarbeiterbefragungen mit der Note 4

Die Anzahl der Mitarbeiteberfragungen werden anschließend mit dem Skalenwert multipliziert.

Die Anzahl der Mitarbeiterbefragungen = 40 x dem Skalenwert 1 = 40
Die Anzahl der Mitarbeiterbefragungen = 100 x dem Skalenwert 2 = 200
Die Anzahl der Mitarbeiterbefragungen = 160 x dem Skalenwert 3 = 480
Die Anzahl der Mitarbeiterbefragungen = 40 x dem Skalenwert 4 = 160
Gesamt: Mitarbeiterfragen   = 340   Gesamtwert = 880

Danach werden die Gesamtskalenwerte durch die gesamte Anzahl der Mitarbeiterfragen dividiert.

$$\frac{880}{340} = 2{,}59$$

Der Durchschnitt- bzw. Mittelwert beträgt 2,59 = ein zufriedenstellender Mittelwert

Möchte man den Durchschnittswert einer Fragestellung ermitteln die z.B. schlechter bewertet wurde, dann sind die Skalenwerte der befragten Mitarbeiter zu multiplizieren und durch die Anzahl der befragten Mitarbeiter (20) zu dividieren.

Beispiel: Fragestellung 1

  4 Mitarbeiter bewerten die Frage mit der Skala 2 = 8
10 Mitarbeiter bewerten die Frage mit der Skala 3 = 30
 6 Mitarbeiter bewerten die Frage mit der Skala 4 = 24
20 = Gesamtzahl der befragten Mitarbeiter   62 = der Gesamtwert

$$\text{Ermittlung des Durchschnittswertes} = \frac{62}{20} = 3{,}10$$

3,10 = ein befriedigender Durchschnittswert.

Die Ergebnisse der Mitarbeiterbefragungen sind in diesem Fall als befriedigend zu beurteilen.
Der überwiegende Anteil der befragten Mitarbeiter hat die Fragen mit den Noten 2 und 3 bewertet. Wichtig für die Unternehmensleitung ist es, den Teil der Mitarbeiter genauer zu analysieren, die mit der Note 3 und 4 die Fragen bewertet haben. Dazu sollten die einzelnen Fragen, unter Berücksichtigung der verbalen Bewertung, genau analysiert und ausgewertet werden.
Durch diese Methode der Analyse und Auswertungen können genaue Aufschlüsse gegeben werden, wo noch Schwachstellen vorhanden sind, die in Zusammenarbeit mit der Leitung des Unternehmens und den Mitarbeitern aufgedeckt und beseitigt werden sollten.
Die Diskussion darüber sollten mitarbeiterfreundlich und problemlösend geführt werden.
Wird das Ziel im Sinne der Mitarbeiterzufriedenheit erreicht, kann mit einem weiteren Anstieg der motivierten und begeisterten Mitarbeiter gerechnet werden.

1.5 Zusammenhänge zwischen begeisterter Kundenberatung und dem Image des Unternehmens

1.5.1 Zusammenhang zwischen begeisternder Kundenberatung, Kundenverhandlung und Image des Unternehmens

Zuerst sollte die Frage beantwortet werden, was versteht man allgemein unter Image?
Als einfache und verständliche Definition wird Image als Ruf, den ein Mensch oder ein Unternehmen in der Öffentlichkeit hat, bezeichnet.
Im Wesentlichen sind es vier Ausstrahlungsmerkmale eines Unternehmens, die nach außen wirken. Das ist die Firmenphilosophie, die Kommunikation, das äußere Erscheinungsbild und wie sich die Mitarbeiter mit ihren Unternehmen identifizieren. Dabei können das Persönlichkeitsbild der Mitarbeiter und das Erscheinungsbild eines Unternehmens sehr unterschiedlich ausfallen.
Der Kunde macht sich seine eigenen Gedanken und Vorstellungen über das Unternehmen. Es beginnt damit, wie sich ein Unternehmen in der Öffentlichkeit über Werbung und anderen Informationsträger repräsentiert. Es setzt sich fort über Empfehlungen anderer Kunden und endet in einem Kundenberatungsgespräch.
Laufen diese Phasen des Kennenlernens eines Unternehmens konform mit den Vorstellungen der Kunden, dann stellt sich auch beim Kunden eine positive Haltung und positives Vertrauen zum Unternehmen ein.
Die eigentlich entscheidende Phase ist die Kundenberatung selbst.
Hier erfährt der Kunde vor Ort, ob das Firmenimage vom Kundenberater sachlich, überzeugend, begeisternd und realistisch vertreten wird.
Geschieht das in Übereinstimmung mit dem Slogan „Wir sind besser als die anderen" oder „Meine Hand für mein Produkt" dann ist der bisher potentielle Kunde von dem Unternehmen begeistert und überzeugt – er wird Kunde!

Fazit: Das Motto des Unternehmens sollte lauten:
  „Begeisterung - mehr Kundenzufriedenheit – mehr Kunden"
  „Meine Hand für mein Produkt – mehr Begeisterung – mehr Kunden".

Beispiel, wie zwei Kundenberater mit unterschiedlichen Voraussetzungen das Image des Unternehmens repräsentieren.

Kundenberater A: besitzt gute charakterliche Eigenschaften wie:

- positive Grundeinstellung zu sich selbst und zum Unternehmen
- Selbstsicherheit
- hohe Belastbarkeit
- Mut und Risikobereitschaft
- Flexibilität
- Anpassungsfähigkeit
- ausgeprägtes Gruppenverhalten
- gute Umgangsformen (Höflichkeit, Freundlichkeit, Geselligkeit)
- angenehme Ausstrahlung (vom Lächeln bis Begeisterung).

Er besitzt weiterhin ein hohes fachliches Wissen und praktische Erfahrungen wie:

- Fach- oder Meisterabschluss mit speziellen Kundenberaterkenntnissen
- hat langjährige Unternehmenserfahrung
- besitzt branchen- und produktbezogene Kenntnisse
- besitzt Managementerfahrungen

Der Kundenberater B dagegen:

- hat nicht immer eine positive Grundeinstellung zu sich selbst und zum Unternehmen
- ist oft unsicher im Umgang mit Kunden, ihm fehlen Menschenkenntnisse und fachliche Voraussetzung
- ist mehr ein zurückhaltender Typ, der sich im Gruppenverhalten und in der Anpassungsfähigkeit an den Kunden schwer tut.
- Mut, Risikobereitschaft und Flexibilität sind bei ihm schwach ausgeprägt

---

Fazit: **Kundenberater A** besitzt alle Voraussetzungen, um sein Image und das seines Unternehmens gut zu repräsentieren.
Kundenberater B dagegen sollte an seinen Verhaltenseigenschaften weiter arbeiten, sich entsprechend mehr Menschenkenntnisse und fachliches Wissen aneignen. Tut er das nicht, dann ist sein Image und das Image des Unternehmens in Gefahr.

Im Zweifelsfall sollte die Unternehmensleitung mit dem Kundenberater genau überlegen, ob es noch Sinn hat und vertretbar ist diese Tätigkeit fortzusetzen. Sicherlich wäre es angebracht den <u>Kundenberater B</u> eine andere Tätigkeit zu übertragen, die seinen Fähigkeiten und Kenntnissen entspricht.

<u>Fazit</u>: Nicht jeder Arbeiter oder Angestellter eines Unternehmens hat die Veranlagung, das Wissen und die Fähigkeit Beratertätigkeit auszuüben. Dazu sind hohe Anforderungen notwendig, insbesondere für solche, die die Beratung als Haupttätigkeit im Unternehmen ausüben. Aber auch für solche, die vor Ort, z.b. auf der Baustelle tätig sind, werden oft Arbeiter oder Angestellte gefordert, dem Kunden auf gestellte Fragen kompetent zu antworten.
Um das Image des Unternehmens würdig zu vertreten, gilt auch hier die Devise:
Nicht jeder Kundenberater ist ein guter Kundenberater.
Nur der wird Erfolg haben:
1. der sich vom Menschentypus dafür eignet,
2. der Begeisterung ausstrahlt,
3. der sich psychologische und methodische Grundkenntnisse angeeignet hat,
4. der eine hohe Kompetenz besitzt und
5. der ein ausgeprägtes Persönlichkeitsbild und Leistungsprofil nachweisen kann.
(Nähere Ausführungen dazu im **Punkt 2.1**)

<u>Wie stellt sich der Kunde ein gutes Kundenberatungsgespräch vor?</u>

- Einen freundlichen und sympathischen Kundenberater
- Eine ruhige und abgeschlossene räumliche Umgebung der Kundenberatung
- Eine kompetente und kundenorientierte Beratung
- Ein maßgeschneidertes Angebot vom Kundenberater
- Auf Kompromisse eingehen
- Kulanz zeigen und Toleranz gegenüber dem Kunden
- Den Kunden in den Vordergrund stellen, ihn als „Kunde – König" behandeln
- Die Wünsche des Kunden ermitteln, ihm zuhören
- Vorbehalte sollten ausgeschlossen werden
- Keine übertriebenen Versprechungen machen
- Einhaltung von Absprachen
- Schaffung guter Zahlungs- und Vertragsbedingungen

Wie stellt sich der Kunde das Produkt- oder Dienstleistungsimage des Unternehmens vor?

- Hohe Standartansprüche an Produkt- und Dienstleistungsqualität, wie z.B.:
  - Materialgüte, Präzision
  - geringe Unterhaltungskosten
  - Qualitätsgarantienachweis
  - wenig Störanfälligkeit
  - Zweckmäßigkeit des Einsatzes und der Nutzung
  - hohe Leistungsfähigkeit
  - technische Austauschbarkeit von Teilen oder Baugruppen
  - hoher Sicherheitsstandard in der Bedienung, Unfallschutz
  - leichte und übersichtliche Bedienbarkeit
  - umweltfreundlich
  - gutes und zweckgebundenes Design

- Zuverlässiger Servicedienst
  (Garantieleistung, Reparaturleistung, Betreuungsleistungen, etc.)
- Entgegenkommen bei Reklamationsansprüchen
- Gute Preis- Leistungsangebote im Verhältnis zu Mitbewerbern
- Einhaltung von Terminabsprachen auf allen Ebenen der vertraglichen Vereinbarungen.

1.5.2 Zusammenhang zwischen der begeisterten Beratung, dem Image des Unternehmens und dem Preis- Leistungsangebot

Das Image des Unternehmens und des Kundenberaters hängt im Wesentlichen davon ab, wie der Preis den Nutzen rechtfertigt. Nur wenn der Vorteil des Produktes oder der Dienstleistung nachweislich höher liegt als der Preis, werden die Kunden das Produkt schätzen und kaufen. Das Produkt lässt sich dann gut verkaufen. Dabei sollten Sie als Kundenberater die Vorteile am Besten an Hand von Zahlen bzw. Kennziffern sachkundig und begeisternd dem Kunden erläutern und unter Beweis stellen. Oft sagen Kundenberater dem Kunden, sie sparen Zeit und Arbeitskraft. Aber wie viel Zeit und Arbeitskraft durch den Kauf des Produktes tatsächlich eingespart werden, bleibt meistens unbeantwortet.

Am Besten kann man den Kunden an Hand folgender Kennziffern bzw. Zahlen, die Vorteile verdeutlichen:

- Kennziffern- bzw. Zahlenvergleich zu alternativen Produkten oder Dienstleistungen
- Kennziffern- bzw. Zahlenvergleich zu Alternativangeboten in anderen Unternehmen
- Kosteneinsparungen mit Zahlen belegen, z.B. Personalkosteneinsparung, Zeiteinsparung, Energieeinsparung, etc.
- Kennziffern- bzw. Zahlenvergleich zur Nutzungsdauer und Amortisation des Produktes oder der Dienstleistung
- Gegenüberstellung von Nutzen und Preis
- Gegenüberstellung von Nutzen und Preis und Qualitätsverbesserungen, dabei mit Zahlen belegen, dass die Qualitätsverbesserung den Preis rechtfertigt.

Neben dem Nachweis der Leistungen des Nutzens mittels Kennziffern bzw. Zahlen sollten auch andere verbale Vorteile aufgezeigt werden, wie: bessere Materialgüte, weniger Störanfälligkeit, leichte Bedienung, Verbesserung der Umweltfreundlichkeit, besseres Design etc..

Wichtig: Diese Kennziffern- oder Zahlenvergleiche dürfen nicht losgelöst von der Gesamtkalkulation des Produktes oder der Dienstleistung gesehen oder interpretiert werden. Es kann passieren, dass dann das Produkt oder die Dienstleistung billiger angeboten wird und damit der kalkulierte Gewinn sich automatisch reduziert. Dies wiederum zu korrigieren bedeutet, Verlust an Glaubwürdigkeit, an Kompetenz und letztlich Imageverlust für das Unternehmen. Preiskorrekturen sollten nur dann vorgenommen werden, wenn sich der Gewinn des Unternehmens und der Nutzen des Kunden in der Waage hält.

Unternehmen	Kunde
Preis/Gewinn ▲	Leistung/Nutzen

Fazit: Imagegewinn für das Unternehmen setzt ein angemessenes Preis-Leistungsverhältnis voraus.

1.5.3 Image des Unternehmens und der Zusammenhang zwischen der begeisterten Kundenberatung und der Produkt- und Leistungsqualität

Produkt-, Leistungs- und Servicequalität sind angesichts des zunehmenden Konkurrenzkampfes auf dem Wirtschaftsmarkt eines der wichtigsten Erfolgsfaktoren für das Image des Unternehmens. Der Kunde möchte stets ein Produkt kaufen, das eine hohe Qualität garantiert. Handelt es sich um eine handwerkliche Dienstleistung, so muss auch hier die Forderungen des Kunden erfüllt werden, nämlich der Einsatz hochwertiger Werkstoffe oder Waren und die fach- und qualitätsgerechte Verarbeitung im Sinne der vom Kunden gewünschten Dienstleistung. Qualitätsmanagement ist keine einmalige Angelegenheit, sondern ein fortlaufender Prozess, der den gesamten Produktions- und Dienstleistungsprozess durchdringt.

Qualität beginnt im Kopf, einmal als Führungsaufgabe der Unternehmensleitung eines jeden Mitarbeiters, zum anderen als Verbesserung des Qualitätsbewusstseins.

Was versteht der Kunde unter den Begriff Qualität?

- Ein Kunde möchte, dass seine Vorstellungen über Qualität dem Angebot voll entsprechen.
- Ein Kunde möchte eine Ware oder Produkt kaufen, das sich in der Qualität und im Preis von der Konkurrenz abhebt.
- Ein Kunde möchte eine Ware oder Produkt kaufen, das einen hohen Waren- und Produktstandard aufweist. Hierzu zählen Leistung, Zuverlässigkeit, Sicherheit, Umweltfreundlichkeit
- Ein Kunde möchte eine Ware oder Produkt kaufen, das einfach in der Wartung und Bedienbarkeit ist.
- Ein Kunde möchte eine Ware oder Produkt kaufen, das mit der Gewährung von entsprechenden Garantieleistungen und langfristigen Serviceleistungen vertraglich geregelt wird.
- Ein Kunde möchte, dass die angebotenen Leistungen seinen Qualitätsvorstellungen voll entsprechen.
  Dazu zählen: - Produktqualität
  - Materialqualität
  - Reparaturqualität
  - Arbeitsleistungsqualität
  - Garantiequalität
  - Servicequalität
  - Preisvorstellungen
  - Kulanz bei Reklamationen

- Der Kunde möchte vom Kundenberater freundlich, begeisternd, sachkundig, im Rahmen einer kundenverständlichen Kommunikation beraten werden. Er möchte eine ehrliche und zuverlässige Beratung und Auskunft haben und zwar zu folgenden Fragestellungen (Beispiele):

- **Kunde A:** möchte einen Pkw - Neuwagen kaufen, der einen hohen Qualitätswert besitzt. Was charakterisiert und rechtfertigt den Qualitätswert des Pkws gegenüber dem Preis?

- **Kunde B:** möchte gern erläutert wissen, was man unter Preis- Leistungs- und Qualitätsverhältnissen versteht, wenn er den Einbau von Kunststofffenstern gegenüber Holzfenstern bevorzugt?

- **Kunde C:** möchte zur Verschönerung seines Hauses, verbunden mit einer Wärmedämmung, eine neue Fassadenverkleidung anbringen lassen. Er möchte vom Kundenberater einer Baufirma folgendes in Erfahrung bringen:

  - Varianten von Fassadenverkleidungen, auch hinsichtlich seiner Vorstellung über Preis und Qualität
  - Zeit der Fertigstellung
  - Zahlungskonditionen einschließlich Rabatten und Skontozahlung
  - Garantieleistungen
  - Reklamationskulanzen

Die Beispiele zeigen, dass eine gute Kundenberatung nicht allein ausschlaggebend für das Image des Unternehmens ist. Dazu gehören neben der Kundenberatung und Auftragserteilung ein hohes Maß der Übereinstimmung von Kundenauftrag, Auftragsrealisierung und Kundenzufriedenheit insbesondere im Zusammenhang mittels Produktion und Dienstleistungsqualität.

<u>Welche Faktoren können auftreten, die dem Image eines Unternehmens schaden?</u>

- Preisaufschläge, Aufpreis für die nicht im Vertrag verankerten Leistungen z.B. bei Lieferung oder Montage
- Nacharbeiten
- Nichteinhaltung von Terminabsprachen
- Nichteinhaltung abgesprochener und vertraglich festgelegter Qualitätsparameter
- Nichteinhaltung von Garantie und Serviceleistungen

1.5.4 Zusammenhang zwischen der begeisterten Beratung, dem Image des Unternehmens und den Serviceleistungen

Da sich Produkte immer mehr angleichen, werden Service und Zusatzleistungen zunehmend wichtig. Das individuelle Anspruchsniveau des Kunden in Kombination mit dem Image des Unternehmens und seinem angebotenen Service sind wesentliche Aspekte, die neben dem Produkt oder der Dienstleistung, die Erwartungshaltung der Kunden beeinflussen.
Service rund um Produkt oder Dienstleistung sind wichtige Säulen der Kundenzufriedenheit und wesentliche Faktoren für positives Kaufverhalten.

Was versteht der Kunde unter Serviceleistungen?

Der Kunde versteht unter Service die Gesamtheit der Leistungen über das Produkt, über die Dienstleistungen, einschließlich Kundendienst im Bezug auf den Preis und das Image des Unternehmens.
Hier besteht eine enge qualitative Beziehung zum gekauftem Produkt und den dazugehörigen Serviceleistungen. Produkt- und Servicequalität sind die Devise des Kunden. Werden diese beim Kauf eines Produktes und danach durch Serviceleistungen erfüllt, ist der Kunde zufrieden. Kommen noch persönliche Extraserviceleistungen hinzu, wenn z.B. das Auto eines Kunden zur Reparatur nicht nur abgeholt wird, sondern auch gewaschen zurück gebracht wird und der Kundendienst dem Kunden noch gute Fahrt wünscht, dann ist der Kunde nicht nur zufrieden, sondern begeistert von diesem Unternehmen.
Tatsachen in der Praxis bestätigen es immer wieder, wo guter Service geboten wird, dort wird auch gerne gekauft. Service ist und wird immer mehr zum Schlüsselfaktor für eine Kaufentscheidung. Es ist nicht anzunehmen, dass sich ein Kunde bei der Wahl zwischen zwei gleich teuren Produkten oder Dienstleistungen für das mit dem schlechteren Service entscheiden wird. Guter Service, verbunden mit hoher Qualität sind Ansprüche, die der Kunde an das Unternehmen stellt.
Der Kunde sieht in den Serviceleistungen die Gesamtheit der Leistung. Nicht die einzelnen Elemente (z.B. Garantieleistungen) sind für ihn entscheidend, sondern die Komplexität aller Elemente und zwar in hoher Qualität.

Beispiel: Werden Wartungsarbeiten nicht termingerecht und in schlechter Qualität oder werden die versprochenen Qualitätsparameter beim Kauf eines Produktes nicht erfüllt, dann ist der Kunde enttäuscht. Er kauft dort nie wieder, er sucht sich ein anders Unternehmen. Die Glaubwürdigkeit und damit auch das Image dieses Unternehmens wird in Frage gestellt.

Welches sind für den Kunden die entscheidensten Faktoren für eine gute und begeisternde Serviceleistung?

1. Beratungsservice

Der Kunde möchte:

- eine freundlichen und gutgelaunten Kundenberater die Hand geben
- eine begeisternde, aufgeschlossene und ehrliche Gesprächsatmosphäre
- eine kompetente und kundenverständliche Beratung
- eine vertrauensbildende produktbezogene Kaufverhandlung
- ein maßgeschneidertes Produktangebot
- eine Demonstration von Alternativprodukten und ihre Vor- und Nachteile haben
- eine Beweisführung zur Leistungs- und Produktqualität im Verhältnis zum Preis haben
- dass Zahlungsmöglichkeiten angeboten werden (z.b. Ratenkauf, Kreditkauf, Inzahlungnahme, etc.)
- dass Preisnachlassmöglichkeiten eingeräumt werden (z.b. Rabatte, Skonto, etc.)
- dass Garantie- und Reklamationsansprüche aufgezeigt und fixiert werden
- einen weiterlaufenden Betreuungsservice (z.B. Nutzenserhalt, Angebotsinformationen, Serviceleistungsinformationen, etc.)

Im Wesentlichen besteht der Produktservice aus zwei Bestandteilen, dem Grad der Leistung und ihrer Zuverlässigkeit und dem Nutzen für den Kunden.
Für einige Kunden ist die Zuverlässigkeit nicht ganz so wichtig. Sie verzichten z.B. aus finanziellen Gründen auf ein vollständiges Servicepaket und möchten ein Teil des Services selbst übernehmen.
Der größte Teil der Kunden ist jedoch bereit einen hohen Preis für einen kompletten Service zu bezahlen. Überwiegend sind es solche Kunden, die es sich finanziell leisten können oder auch solche die aus Kenntnis- und Erfahrungsmangel nicht fähig und in der Lage sind Teilserviceleistungen selbst zu übernehmen.
Diese Teilserviceleistungen können sein:
Zusammenbauen einer Wohnzimmereinrichtung oder die Installation eines gekauften PC, oder das Einbauen von gekauften Fenstern oder Türen, etc.

Wie möchte der Kunde die Produktserviceleistung verwirklicht sehen, was interessiert ihn vordergründig, was erwartet er vom Servicedienst?

2. Kundendienstservice

- Die Einhaltung der versprochenen Serviceleistungen termingerecht und in zugesagter Qualität.
- Das Aufstellen, Anschließen und Einstellen von Geräten oder Anlagen, einschließlich Probelauf.
- Die qualitäts- und termingerechte Einhaltung von Reparaturdienstleistungen
- Die kostenlose Beseitigung von Produkt- und Anlagenfehlern, Störfunktionen, etc..
- Die kostenlose Produktanlieferung und Rücknahme von Verpackungen.
- Die Einhaltung der vertraglich geregelten Garantie- und Serviceleistungen, termin- und qualitätsgerecht.
- Eine sachkundige Einweisung, z.B. in eine installierte Gasheizung oder Bedienunterweisung z.B. eines installierten PC.
- Ein einfaches, kundenverständliches Anleitungsmaterial für Funktions- und Ablaufprozesse eines Produktes oder einer Anlage.
- Die problemlose Umtauschgarantie von Produkten, Durchsetzung von Schadenersatzforderungen oder Geld- zurück- Garantie.
- Serviceleistungen auch außerhalb der üblichen Arbeitszeiten, sowie an Sonn- und Feiertagen z.B. im Falle einer Havarie oder anderen Ausfällen eines gekauften Produktes oder einer Anlage.
- Hotline-Service
- Eine freundlich, begeisternde und sachkundige Anleitung und Weiterbetreuung durch das Unternehmen bzw. das Servicepersonal.
- Eine Weiterbetreuung nach Ablauf der Garantieleistungen, möglichst bis Nutzungsende (trifft insbesondere für technische Anlagen zu, z.B. Heizungsanlagen aber auch z.B. für Autoservicedienstleistungen).

1.5.5 Zusammenhang zwischen der begeisterten Beratung, dem Image des Unternehmens und der Kundenzufriedenheit

Mit einfachen Worten ausgedrückt, versteht der Kunde unter dem Begriff Zufriedenheit, die Übereinstimmung seiner Erwartungen mit dem angebotenen Leistungsniveau eines Unternehmens. Werden die Erwartungen des Kunden durch den Kauf eines Produktes im Hinblick auf Qualität und Preis erfüllt, ist er zufrieden. Werden diese durch zusätzliche Merkmale, Parameter übertroffen, ist der Kunde begeistert von dem Produkt / der Leistung und somit auch von dem Unternehmen.

> Fazit: Begeisterung bedeutet für das Unternehmen Aufwertung seines Images und mehr Kunden.
> Zufriedenheit bedeutet gleich bleibendes Image und gleich bleibende bis mehr Kunden.
> Unzufriedenheit bedeutet Verlust des Images und von Kunden.

Beide, sowohl die Qualität als auch der Preis, werden vom Kunden im engen Zusammenhang gesehen. Bis zu einer gewissen Grenze sind die Mehrzahl der Kunden bereit einen höheren Preis für eine höhere Qualität zu zahlen, bei einem zunehmend größer werdenden Kundenkreis dagegen spielt der Preis die dominierende Rolle.

Für das Unternehmen gibt es nur zwei Alternativen, entweder
- es verkauft ein Produkt mit hoher Qualität zum höheren Preis oder
- es verkauft ein Produkt mit niedriger Qualität zum niedrigeren Preis.

In diesen beiden Kategorien entscheiden in erster Linie die Kunden mit ihren Wünschen und Erwartungen. Das Unternehmen muss sich hierauf einstellen. Möglicherweise wird sich auch das eine oder andere Unternehmen auf Qualitätsverbesserungen der Produkte orientieren, um mit beiden Kategorien die Kunden anzusprechen und damit auch den Konkurrenzkampf wirksam entgegenzutreten. Allerdings setzt dieses Vorhaben eine genaue Analyse für das Unternehmen voraus. Folgende Fragen sollten dabei beantwortet werden:

1. Rechtfertigt der Einsatz zusätzlicher Kosten für Qualitätserhöhung die Erlöslage, wenn der Preis unverändert bleibt und die Kundenzufriedenheit ansteigt? Ist mit dieser Variante das Unternehmen noch leistungsfähig?
2. Wird die Qualitätsverbesserung mit einem Anstieg des Preises verbunden, wie verhält sich dann die Kundenzufriedenheit?
Wie verhalten sich die qualitätsbewussten Kunden?

Um diese drei Fragestellungen unter dem Gesichtspunkt der Kundenzufriedenheit zu beantworten, ist es erforderlich detaillierte Kenntnisse über die Erwartungen und Wünsche, sowie deren Relevanz, für die Nachfrage in den jeweiligen Produktbereichen zu ermitteln.

Zu diesem Problemkreis könnte die Kundenbefragung von Unternehmen nach dem Modellbeispiel **Punkt 2.4** einen möglichen Ansatz zur Lösung finden.
Liegt im Fall der Auswertung der Befragung, dass durch zusätzlichen Einsatz von Kosten für die Qualitätsverbesserung sich die Kundenanzahl vergrößert, dann wäre es für das Unternehmen profitabel.
Ist eine Qualitätsverbesserung mit einem Anstieg des Preises verbunden und wird dieses von der überwiegenden Anzahl der Stamm- und Neukunden akzeptiert, dann wäre auch diese Variante für das Unternehmen sinnvoll.
Verkauft ein Unternehmen ständig Produkte zu einem geringen Preis, so ist zu überlegen, ob diese Variante längerfristig profitabel ist.

Für alle drei Varianten ist es deshalb wichtig und notwendig, das Kundenverhalten und die Kundenerwartungen ständig über die Kundenzufriedenheit genau zu analysieren und sich auf neue Anforderungen ein- und umzustellen.

Fazit: Je genauer die Kundenwünsche und der Kundennutzen der Stamm- oder Neukunden bekannt ist, um so besser kann sich das Unternehmen darauf einstellen.

Zum Problemkreis Reklamationen und Kundenzufriedenheit

Reklamationen nehmen beim Kunden einen wesentlichen Platz in der Kundenzufriedenheit ein.
Reklamationsgründe können z.B. sein:

- Produktfehler oder Fehler in den installierten Anlagen,
- Qualitätsmängel,
- Probleme bei der Preis- und Termineinhaltung,
- falsche Kaufentscheidung etc..

Im Falle der Konfliktlösungsphase kann das Unternehmen unter Beweis stellen, ob es sich für den Kunden gelohnt hat, diesem Unternehmen zu vertrauen. Geschieht die Einigung im beiderseitigen Einvernehmen und rascher Bearbeitung, ist der Kunde zufrieden und er bleibt dem Unternehmen treu.
Er wertet die schnelle bedingungslose Lösung der Reklamation als eine positive Erfahrung, die ihn dazu motiviert, weiter Produkte aus dem Angebot zu kaufen.

Als zufriedener Kunde wird er dann auch gerne bereit sein, seine positiven Erfahrungen weiterzugeben. Treten dagegen mehrmals Reklamationen im Unternehmen auf, die dann noch verzögert bearbeitet werden oder sogar mit einer Schuldzuweisung verbunden sind, dann ist der Kunde enttäuscht und verärgert, er ist unzufrieden und verlässt für immer das Unternehmen. Er wird sicherlich in der Öffentlichkeit nicht gerade positiv von diesem Unternehmen berichten.

> Fazit: Unzufriedenheit beim Kunden bringt Imageverlust für das Unternehmen und löst Kundenabwertungen bis zu Kundenverlusten aus.

Liegt beim Kunden eine Schuldhafte Nachweisführung vor, wird er es auch einsehen und verstehen. Liegt es im Interesse des Unternehmens diesen Kunden zu halten, sollte man ihm eine Kulanzlösung anbieten. Eine solche Kulanzlösung wirkt auf den Kunden wohltuend bis begeisternd und schafft ein enges Vertrauensverhältnis zum Unternehmen. Diese positive Einstellung und Begeisterung zum Unternehmen wird der Kunde weiter geben.

> Fazit: Lieber Kulanzlösung hinnehmen und dafür einen begeisterten Kunden behalten, der gleichzeitig kostenlose Werbung für das Unternehmen macht.

Wie sollten unter dem Aspekt der Kundenzufriedenheit Reklamationen behandelt werden?

Dazu folgende Hinweise:

1. Den Kunden freundlich empfangen und Verständnis für sein Reklamationsanliegen zeigen.
2. Entschuldigen Sie sich beim Kunden, wenn Sie den Fehler bei sich oder Ihrem Unternehmen feststellen.
3. Liegen schuldhafte Fehler beim Kunden vor (z.B. durch falsche Bedienung oder Manipulation), dann zeigen Sie Kulanz. Es ist besser etwas zu opfern als den Kunden zu verlieren. In diesem Falle wird der Kunde Ihnen Dank und Begeisterung entgegenbringen.
4. Klären Sie die Reklamation möglichst sofort und zur Zufriedenheit des Kunden und des Unternehmens. Ein solcher Weg motiviert den Kunden, spart Zeit und weiteren Ärger.

5. Nachdem Sie das Problem zur Zufriedenheit beider Partner gelöst haben, entschuldigen Sie sich beim Kunden für diese „Panne". Sagen Sie Dank für das Kommen und wünschen Sie ihm weiterhin gute Zusammenarbeit. Sagen Sie dem Kunden, dass Sie jederzeit für ihn zur Verfügung stehen. Ein solches Verhalten Ihrerseits hat auf den Kunden eine motivierende und begeisternde Wirkung.

> Fazit: Auch Reklamationen haben etwas Positives, wenn sie einmalig sind und umgehend gelöst werden. Sie zeigen Fehler und Schwachstellen auf, bringen neue Lösungen, stärken das Image des Unternehmens und das des Kundenberaters und unterstützen die Zufriedenheitsentwicklung der Kunden.

Im Überblick zusammengefasst noch einige Verhaltensregeln:

- Gespräch mit dem Kunden grundsätzlich allein führen, möglichst in einem separaten Raum,
- empfangen Sie den Kunden freundlich und begeisternd (auch, wenn es Ihnen schwer fallen sollte),
- fragen Sie den Kunden, wo das Problem liegt,
- hören Sie konzentriert, ruhig und gelassen zu,
- zeigen und haben Sie Verständnis für sein Problem, sagen Sie, ich kann mich gut in Ihre Lage versetzen, ich hätte vielleicht auch so gehandelt,
- machen Sie sich Notizen über die Art der Reklamation,
- wiederholen Sie, was Sie notiert haben,
- liegt der Fehler beim Kunden selbst, dann beweisen Sie Kulanz,
- bearbeiten Sie die Reklamation sofort – nicht auf die „lange Bank" schieben, denn eine sofortige Bearbeitung schenk Vertrauen und Glaubwürdigkeit.

Ein weiterer, sehr wesentlicher Aspekt der Kundenzufriedenheit ist die Kundenberatung.

Mit der Kundenberatung beginnen der erste Kontakt zwischen dem Berater und dem Kunden und damit auch die erste Phase der Kundenzufriedenheit.
Verläuft die Beratung begeisternd und kompetent ist der erste Schritt der Kundenzufriedenheit getan. Folgen dann weitere positive Schritte von der erfolgreichen Verhandlung bis hin zum Kundenauftrag und zur Auftragsrealisierung, dann ist die Kundenzufriedenheit ein voller Erfolg sowohl für den Kunden selbst, als auch für den Berater.

Verläuft die Kundenberatung nicht in Übereinstimmung beider Partner (Berater und Kunde) und wird kein Konsens gefunden, ist die Kundenzufriedenheit in Gefahr. Wie eine begeisternde und kompetente Kundenberatung erfolgreich durchgeführt werden kann, aber auch welche Probleme dabei auftreten können und wie diese gelöst werden können, erfahren Sie unter **Punkt 1.2** und **Punkt 2.2**.

1.5.6 Zusammenhang zwischen der begeisterten Beratung, dem Image des Unternehmens und der Stammkundenbetreuung, der Kundenbindung und der Neukundengewinnung

1.5.6.1 Stammkundenbetreuung

Es sollte im Interesse des Images des Unternehmens liegen, Stammkunden eine besondere Aufmerksamkeit zu schenken. Denn Stammkunden sind Kunden, die ständig beim Unternehmen kaufen bzw. Aufträge realisieren.
Es ist nicht grundsätzlich anzunehmen, dass Kunden die ein oder zweimal beim Unternehmen gekauft haben, schon als Stammkunden deklariert oder als Firmentreue eingestuft werden können.
Ein Kunde entwickelt sich erst im Laufe der Kaufentwicklung zum Stammkunden, insbesondere dann, wenn er vom Unternehmen als gleichberechtigtes Unternehmensmitglied aufgenommen und behandelt wird. Dadurch entwickelt sich Vertrauen und eine feste Bindung zum Unternehmen.

Stammkunden sollten eine privilegierte Stellung im Unternehmen einnehmen. Diese könnte folgende Privilegien beinhalten:

- bevorzugte Auftragsrealisierung,
- Sonderangebote und Sonderrabatte,
- Ausstellen einer Kundenkarte,
- Treueprämien,
- Einladungen zu Unternehmensveranstaltungen, wie Betriebsfeste, Jubiläen etc.,
- zusätzliche Garantie- oder Versicherungsleistungen etc..

<u>Welche Vorteile ergeben sich für das Unternehmen durch eine qualifizierte und auf Vertrauen aufgebaute Stammkundenbetreuung?</u>

- Stärkere Bindung des Kunden an das Unternehmen,
- Erhöhung der Kauf- und Auftragsfrequenz,
- Erhöhung des Umsatzes (Umsätze sind kalkulierbar) mit gleichzeitigem Gewinnzuwachs,
- Verringerung der Betriebskosten, z.B. für Werbung, Akquisition, Kundenberatung, etc.,
- Preiszuschläge, die auf Grund von Maßnahmen im Unternehmen notwendig waren, werden vom Stammkunden weniger wahr genommen,
- Mehr Sicherheit auf dem Anbietermarkt, z.B. gegenüber der Konkurrenz,
- Imageaufwertung des Unternehmens,
- Weiterempfehlung an neue Kunden, als kostenlose und effektivste Methode für eine erfolgreiche Kundenwerbung

1.5.6.2 Kundenbindung

Ziel eines jeden Unternehmens ist es, Kunden langfristig zu binden.
Langfristig binden bedeutet, nicht für eine bestimmte Periode oder ein Jahr, sondern möglichst für eine unbegrenzte Zeit, also dauerhaft. Es geht bei der Kundenbindung darum, dass Kunden dauerhaft beim Unternehmen einkaufen.

<u>Warum geht der Kunde lieber im Unternehmen mit einem guten Image dauerhaft einkaufen und nicht in andere Unternehmen?</u>

<u>Welche Vorteile bietet dieses Unternehmen gegenüber den anderen?</u>

1. Hier findet der Kunde eine ausgeprägte, freundliche und sachkundige Beziehungsatmosphäre. Hier steht er noch im Mittelpunkt des Unternehmens. Hier ist der Kunde, im wahrsten Sinne des Wortes, „der König".
2. Hier hat der Kunde eine reichliche Auswahl an Alternativ- Produkten oder Dienstleistungsangeboten. Er wird vom Berater/Verkäufer sachkundig beraten, welches Produkt seinen Wünschen und Vorstellungen entspricht. Dabei herrscht eine Atmosphäre des gegenseitigen Vertrauens und des loyalen Verhaltens.
3. Wenn der Kunde hier ein Produkt kauft, dann hat er die Sicherheit und Gewähr, dass der Preis auch mit der Qualität und dem Nutzen übereinstimmt. Das Produkt bietet neben dem gewollten Nutzen noch viele Extras, die im Preis enthalten sind.
4. Das Unternehmen bietet ein umfangreiches Serviceangebot, das von kompetenten Spezialisten betreut wird und sofort und rund um die Uhr in Anspruch genommen werden kann.
5. Reklamationen sind für dieses Unternehmen eine Ausnahme. Wenn eine Reklamation trotzdem vorliegt, wird diese sofort und reibungslos erledigt.
6. In diesem Unternehmen erhält der Kunde weitere Vorteile wie:

    - Rabatt- und Bonusangebote,
    - Treueprämien,
    - zusätzliche Garantie- und Versicherungsleistungen,
    - bevorzugte Sonderangebote,
    - feste Einbindung in betriebliche Veranstaltungen
      (Kundenschulung, Betriebsfeiern, etc.).

Welchen Nutzen bringt eine Kundenbindung für das Unternehmen?

Kundenbindung setzt Kundenzufriedenheit voraus.
Zufriedene Kunden sind loyale Kunden und kaufen immer wieder.
Wird diese Zielstellung durch eine Kundenbindung erreicht, kann das Unternehmen sich auf folgenden Nutzen einstellen:

- höheres und sicheres Kundenpotenzial durch Kundenbindung
- durch höhere Kaufkraft und Auftragsbilanz mehr Umsatz
- Verringerung von allgemeinen Unternehmenskosten, so z.B für Kundenwerbung, Beratung.
- Verbesserung der Bilanzsicherheit des Unternehmens,
- bessere „Überlebenschancen" für das Unternehmen,
- mehr Sicherheit in den Planungs- und Ablaufprozessen des Unternehmens (Planung, Organisation, Absatz).

1.5.6.3 Neukundengewinnung

Im Gegensatz zu Stammkunden, ist die Neukundengewinnung zeitaufwändig und risikobehaftet. Trotzdem liegt es im Interesse des Unternehmens, genau zu analysieren und herauszuarbeiten, welche Anzahl an Neukunden erforderlich ist, um Verluste, z.B. durch die Kundenabwanderung, wieder auszugleichen.
Da sich der Neukunde in den meisten Fällen zuerst sehr kritisch und zurückhaltend verhalten wird, sollte sich das Unternehmen auf diese Haltung entsprechend einstellen. Dazu gehören, neben einem guten Image des Unternehmens, Kundenberater, Verkäufer, eben alle, die daran beteiligt sind, sich auf diese Anforderungen vorzubereiten.
Hier ist nicht nur Rhetorik und Kompetenz gefragt, sondern auch die Psychologie. Es geht bei der Neukundengewinnung auch darum, psychologische Barrieren bei den Neukunden zu überwinden. Dazu sind Menschenkenntnisse, Kenntnisse über Verhaltenseigenschaften, rhetorische Fähigkeiten und Fachkompetenz bei allen, die mit der Neukundengewinnung zu tun haben, notwendig und zwingend erforderlich.

Um Kunden für ein Unternehmen zu gewinnen bieten sich unter anderem folgende Strategien an:

Eine erste Strategie wäre das Mehrwert- oder Zusatznutzensangebot, das der Kunde als zusätzlichen Vorteil betrachtet. Allerdings muss diese zusätzliche Leistung auch für das Unternehmen kalkulierbar sein.

Eine zweite Strategie wäre das Angebot von Produkten und Dienstleistungen zu kostengünstigen Preisen. Diese Angebote sprechen insbesondere die preisorientierten Kunden an.
Auch hier gilt die Regel: Produkt und Leistungen müssen kalkulierbar sein. Diese Strategie hat nur dann Sinn, wenn eine große Stückzahl produzierter Produkte oder angebotener Dienstleistungen unter Beachtung der Rentabilität des Unternehmens abgesetzt werden können oder größere Folgeaufträge in Aussicht stehen.

Eine dritte Strategie wäre das Mischangebot. Diese Strategie setzt eine exakte Analyse der Anbieter aber auch der Nachfrage voraus. Weiterhin ist es von Bedeutung, ob auch die Nachfrage solcher Mischangebote auch bei den vorhandenen Stammkunden gefragt sind.

Welche Instrumente haben sich für die Neukundengewinnung bewährt?

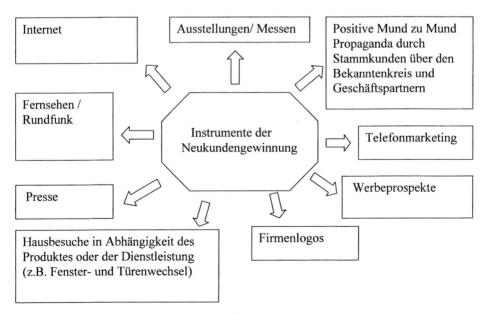

2. Kompetenz des Mitarbeiters / Kundenberaters – Grundvoraussetzung für eine erfolgreiche Kundeberatung / Kundenverhandlung

2.1 Anforderungsfelder an den Mitarbeiter/Kundenberater

Unter Anforderungen verstehen wir die Gesamtheit des Leistungsvermögens eines Mitarbeiters/Kundenberaters, das für die Erfüllung der aufgabenbezogenen Tätigkeit notwendig ist.

Zu den Anforderungen gehören:

1. die psychologischen Anforderungen
2. die didaktisch-methodischen Anforderungen
3. die Kompetenz (fachliches Wissen und praktische Erfahrungen)
4. das Persönlichkeitsbild und Leistungsprofil eines Beraters

2.1.1 Psychologische Anforderungen

Die Psychologie ist in ihrer Gesamtheit ein determinierter Prozess, der sich in seiner Funktion, Eigenschaft und im Prozess selbst widerspiegelt.
Im Einzelnen äußert sich die Psychologie des Menschen wie folgt:

- in der Wahrnehmung
- im Denken
- in der Einstellung
- in Charakter- und Temperamentseigenschaften
- in den Bedürfnissen und Interessen
- im Wissen sowie in den Fähigkeiten und Fertigkeiten

Ziel und Aufgabe des Unternehmens sollte es sein, die gesamte Bandbreite voll auszuschöpfen und im Interesse des Unternehmens einzusetzen. Dabei sollten vom Unternehmen optimale Bedingungen geschaffen werden, die eine volle Nutzung des Potentials der Mitarbeiter zum Ziel haben.
Unter diesem Aspekt wäre es möglich, Motivation und Begeisterung bei den Mitarbeitern zu wecken sowie Einstellungen und Verhaltensweisen positiv zu beeinflussen.

Welche psychologischen Anforderungen ergeben sich im Konkreten an den Kundenberater?

Jeder Kundenberater sollte die Fähigkeit besitzen, auf psychologische Vorgänge, die sich in der Kundenberatung ergeben, Einfluss zu nehmen. Das setzt wiederum Wissen und Erfahrungen voraus, um erfolgreich tätig zu sein.
Einige wichtige Tipps können helfen, psychologische Aspekte in der Beratertätigkeit besser zu erkennen und die entsprechenden Handlungsstrategien auf die Spezifik des Kunden auszurichten.
Eine der wichtigsten psychologischen Anforderungen ist die Menschenkenntnis eines Beraters. Hier besteht nach Erfahrungen in der Praxis zum Teil ein Mangel an Voraussetzungen und ein relativ großer Nachholbedarf in Fragen der Kundenpsychologie. Das liegt zum Teil darin begründet, dass Kundenberater in der Aus- und Weiterbildung nur wenig mit psychologischen Inhalten konfrontiert werden. Dabei ist jedoch die Kundenpsychologie eines der wichtigsten Anliegen für eine erfolgreiche Kundenberatung.
Ein Kundenberater mit wenig Wissen und Erfahrungen über die Psyche des Kunden hat es schwer, insbesondere mit „Problemkunden" ein erfolgreiches Gespräch zu führen. Dagegen sind psychologisch erfahrene Berater besser in der Lage den Charaktertyp des Kunden auszumachen, auf sein Verhalten einzuwirken und Kundenkonflikte erfolgreich zu meistern.
Menschenkenntnis bedeutet, dass sich der Berater ein annäherndes Bild über den Gesprächspartner/Kunden macht und zwar über sein Verhalten, seine Gestik, Mimik und Körperhaltung und Rhetorik.

Machen Sie sich einen ersten Eindruck über den Kunden, in dem Sie sich folgende Fragen stellen:

- Ist sein Verhalten: freundlich, ruhig, nett, zuvorkommend usw. oder gegenteilig?
- Ist seine Sprache: klar, verständlich, sachkundig usw. oder gegenteilig?
- Ist seine Stimme: angemessen, wohltuend, angenehme Stimmlage usw. oder gegenteilig?
- Ist sein Gesichtsausdruck: entspannt, freundlich, sympathisch usw. oder gegenteilig?
- Ist sein Augenkontakt: aufmerksam, vertrauensvoll, zielorientiert usw. oder gegenteilig?

Haben Sie den Kunden durch die Beantwortung der gestellten Fragen näher kennen gelernt und sich einen intuitiven Eindruck verschafft, wird es Ihnen leichter fallen mit dem jeweiligen Kundentyp (Verhaltenseigenschaften des Kunden) zu verhandeln.

Diese Hinweise und Groborientierungen sollen Ihnen helfen, Kundentypen an ihrem Verhalten zu erkennen. Damit wird es Ihnen auch leichter fallen, die jeweiligen spezifischen Verhaltenseigenschaften in der Kundenberatung zu berücksichtigen. Wobei auch bemerkt werden muss, dass Sie nicht davon ausgehen dürfen, dass es sich grundsätzlich um einen so genannten „Kundentyp X oder Y" handelt, dies könnte wiederum zu Fehleinschätzungen oder Vorurteilen führen.

Die nachfolgenden Hinweise und Groborientierungen sollten nicht als „Patentrezept" aufgefasst werden, sondern sind nur als Anleitungshilfen für Ihre Kundenberatung zu sehen.

Einige Beispiele:

- Ist ein Kunde unentschlossen und unsicher, dann zeigen sich bei ihm Symptome wie Ratlosigkeit und Unentschlossenheit in der Entscheidungsfindung, wie z.B.: „Ich weiß nicht genau, für welches Produkt ich mich entscheiden soll". oder „Wozu würden Sie mir raten?".

    Hilfen: Erfahren Sie die genaue Ursache, warum er so unentschlossen ist.
    Helfen Sie ihm bei der Kaufentscheidung durch nutzensbezogene Produktdemonstration.
    Sagen Sie ihm, welche Servicemöglichkeiten Sie ihm einräumen (Preiskulanz, Produktbetreuung, Umtauschmöglichkeiten, etc.) .
    Erklären Sie ihm, dass viele Kunden mit dem Produkt zufrieden sind, vor allem: Warum?

- Ist der Kunde arrogant, dann ist er in seinem Wesen und Äußerungen von sich eingenommen. Er wirkt überheblich in seiner Rhetorik, er ist ein „Besserwisser", er ist der „Tüchtigste und Erfolgreichste" usw.

    Hilfen: Nicht in die Opposition gehen und zum Widerspruch herausfordern.
    Bleiben Sie höflich, vermitteln Sie ihm das Gefühl der Anerkennung.
    Gehen Sie auf seine Sonderwünsche oder Extras ein. Bieten Sie ihm Spitzenqualität an, das fördert und stimuliert seine Kaufbereitschaft.

- Ist ein Kunde misstrauisch und zurückhaltend, dann hat er sicherlich schon schlechte Erfahrungen mit dem Kauf eines Produktes gemacht. Er wurde vielleicht vom Kundenberater schlecht informiert oder das Produkt hat das Versprechen nicht gehalten, er ist enttäuscht worden.

Hilfen: Schaffen Sie Vertrauen, zeigen Sie Verständnis. Nehmen Sie sich Zeit für die Argumentation. Erläutern Sie ohne Übertreibung den Nutzen und die Vorteile des Produktes. Lassen Sie ihm wichtige Aspekte wiederholen. Geben Sie ihm Hinweise für mögliche Umtausch- und Garantieleistungen.

- Ist ein Kunde bescheiden, dann liegt es meistens daran, dass er mit seinem Einkommen sparsam umgehen muss. Er möchte möglichst für sein Geld ein gutes Produkt bekommen. Er vergleicht die Angebote anderer Unternehmen, um möglichst dasselbe Produkt preiswerter zu bekommen.

Hilfen: Verständnis dafür zeigen, preiswerte Alternativangebote vorstellen, Kosten- und Nutzensvorteile nennen. Auf Finanzierungskonditionen hinweisen, wie z.B. Kreditfinanzierung, Ratenkauf, Rabatte, Kulanz.

- Ist der Kunde schwerfällig und unbeholfen in der Entscheidung, im Begreifen. Er ist träge und ungeschickt.

Hilfen: In diesem Fall sollten Sie viel Geduld aufbringen. Nicht überheblich reagieren, sondern die einfache Sprache des Kunden sprechen. Wecken Sie das Gefühl des Vertrauens und des Verständnisses. Erläutern Sie ihm auf eine einfache Art und Weise das Produkt und seine Vorteile solange, bis er es verstanden und begriffen hat.

- Ist ein Kunde hartnäckig und unnachgiebig im Verhandeln um ein Produkt. Ist er hart im Nehmen, wenn es um Qualität oder Preis geht.

Hilfen: Bleiben Sie ruhig und sachlich. Verhandeln Sie geschickt und finden Sie Ansätze für zugängliche Momente. Beweisen Sie Ihre pädagogisch - methodische und sachkundige Überlegenheit, um ihn auf diese Weise zu überzeugen.

Ein weiterer psychologischer Aspekt der Anforderungen ist die persönliche Einstellung zur Tätigkeit als Berater und zur Wahrnehmung der eigenen Pflichten und Verantwortung.
Haben Sie als Kundenberater eine positive Einstellung zu Ihrem Beruf, zu Ihrer Tätigkeit, zum Unternehmen, dann schlägt sich Ihre Haltung auch positiv auf den Kunden nieder. Ist Ihre Einstellung und Haltung dagegen degressiv, dann wird es der Kunde merken und sie haben weniger Chancen für eine erfolgreiche Beratung oder Verhandlung.
Pflichtbewusstsein und Verantwortung sind für die Erfüllung der Aufgaben als Kundenberater ebenso wichtig wie Einstellung und Haltung.

a) Welche Merkmale sind charakteristisch für eine positive Einstellung/Haltung?

- positive Einstellung zum Unternehmen
- Freude an der Arbeit
- Motivationsdrang
- Leistungswille
- Tätigkeitsstreben
- Schaffungsfreude
- Erfolgsdrang
- Qualitätsbewusstsein
- Aufgeschlossenheit für Wissenserweiterung und Innovation
- kooperatives Verhalten gegenüber Mitarbeitern, Kollegen und Kunden
- Streben nach Vervollkommnung der Persönlichkeit

b) Welche Merkmale sind charakteristisch für ein positives Pflicht- und Verantwortungsbewusstsein?

- Pflichtbewusstsein
- Disziplin
- Engagement
- Moralbewusstsein
- verantwortungsbewusstes Handeln
- Bereitschaft für die betriebliche Mitverantwortung und Mitbestimmung

2.1.2 Didaktisch - methodische Anforderungen

Unter Didaktik verstehen wir die Lehre vom Lehren und Lernen.

Beispiel: Der Lehrer/Dozent vermittelt den Lehrstoff an die Teilnehmer und die Teilnehmer erwerben/erlernen neues Wissen.

Methodik ist die Art und Weise des Vorgehens: (Lehr- und Unterrichtsmethoden) bei der Vermittlung von Lehrinhalten, z.B. im Fach Mathematik oder in der Erwachsenenbildung das Fach Marketing.
Auf die Kundenberatung bezogen, sind der Lehrende der Kundenberater und der Lernende der Kunde.
Die Art und Weise des Vorgehens des Kundenberaters bei der Vermittlung von Inhalten, in der Kundenberatung oder in der Kundenverhandlung, wird als methodische Vorgehensweise des Beraters verstanden.
Bei der didaktischen Vorgehensweise des Kundenberaters kommt es darauf an, dem Kunden auf eine verständliche Art und Weise die wichtigsten Inhalte in den Mittelpunkt des Gespräches zu stellen. Angefangen von der Zielstellung bis zum Ergebnis (Kundenauftrag) sollten sich wie ein roter Faden die Inhalte widerspiegeln. Dabei sollten Sie als Kundenberater immer der Führende bzw. Lehrenden in der Kundenberatung oder der Verhandlung sein. Sie dürfen niemals die Führungsrolle aufgeben, da sonst der Kunde das „Zepter" in die Hand nimmt.
Bei der didaktischen Gestaltung kommt es darauf an, ausgehend von der Zielstellung Ihres Gespräches, bestimmte didaktische Prinzipien in den Vordergrund zu stellen.

So z.B. solche Prinzipien wie: Das Prinzip der Anschaulichkeit und
die Prinzipien der Planmäßigkeit und der Systematik.

Die vorgenannten Prinzipien sind neben anderen die wichtigsten, die in der Kundenberatung, Kundenverhandlung Anwendung finden.

Das Prinzip der Anschaulichkeit in der Kundenberatung/Verhandlung wird z.B. erreicht:

- indem die Stimme durch die Körpersprache (Körperhaltung, Gestik und Mimik) die Anschaulichkeit des Gesprächsgegenstandes untermauert und verdeutlicht.
- indem Projekte, Modelle, Abbildungen, Prospekte, etc. eingesetzt werden, um dem Kunden das Produkt noch näher und überzeugender zu repräsentieren.

Bei der Anwendung des Prinzips der Planmäßigkeit und der Systematik in der Beratung/Verhandlung sollte der Kundenberater z.B. folgendes beachten:

- das planmäßige Vorgehen entsprechend eines aufgestellten Zeit- und Ablaufplanes
- planmäßige und systematische Einhaltung der geplanten Etappen einer erfolgreichen Beratung/Verhandlung (Etappen der Vorbereitung, der Eröffnung, der Verhandlungsstrategien, der Einigung, der Nachbereitung, etc.)
- planmäßiges und systematisches Vorgehen und Verhalten in kritischen Situationen der Beratung/Verhandlung, wie z.B. bei Einwänden, Reklamationen, Widersprüchen, etc.

Eine effektive Gestaltung des Beratungs- und Verhandlungsprozesses erfordert neben der didaktischen Gestaltung, die Auswahl geeigneter Methoden für die Kundenberatung und Verhandlung. Diese Methodenauswahl sollte so vorgenommen werden, dass sie auch der Spezifik der Beratung und Verhandlung angepasst ist.

Wenn Sie sich als Kundenberater auf einer Messe bzw. Ausstellung präsentieren bzw. werben wollen, dann ist es sicherlich angebracht zwei Methoden zu wählen, den <u>Vortrag</u> und die anschließende <u>Diskussion</u>.

- Der <u>Vortrag</u> wird sich vorrangig mit dem Ziel und mit dem Inhalt Ihrer Vermittlung und mit der konkreten Demonstration des Ausstellungsgegenstandes beschäftigen.
- In der anschließenden <u>Diskussion</u> werden Sie dann mit der Frage-Antwortmethode konfrontiert:

Bei beiden Methoden sollten Sie folgendes beachten:
den Vortrag relativ kurz halten, um mehr Zeit für die Diskussion zu haben. Die Diskussion oder der Dialog haben sich in jedem Fall als die effektivere Methode bewährt. Sie führt nicht nur zur Ziel- und Ergebniserwartung, sondern muntert und lockert die Veranstaltung auf.

Wichtig ist, dass Sie sich gründlich sowohl auf den kurzen Vortrag aber auch und das insbesondere auf die Diskussion vorbereiten. Dazu sollten Sie die Empfehlungen, wie sie im **Punkt 1.2** und **2.2** dieses Buches gegeben werden, nutzen.

Die Anwendung der Methoden in der Kundenberatung oder Kundenverhandlung, sollten ebenfalls von zwei Methoden ausgehen, nämlich von der Methode des <u>Vortrages</u> und der Methode des <u>Dialogs</u>.
In der Kundenberatung oder Verhandlung mit dem Kunden sollten Sie ebenfalls von den zwei vorgenannten Methoden ausgehen.

Der Unterschied zum ersten Beispiel, der Methodenauswahl auf Messen oder Ausstellungen besteht darin, dass hier bis 90% der Methodenanwendung in der Dialogmethode liegt. Die ca. 10% des Vortrages liegen im Teilbereich der Eröffnung der Kundenberatung oder Kundenverhandlung, in der Zusammenfassung von Fakten durch den Berater, bei Demonstrationen von Beispielen, Projekten, Modellen, etc. und bei den Abschlussbemerkungen und der Verabschiedung des Beraters vom Kunden. Nähere Hinweise und Empfehlungen zur Vorbereitung und zu den methodischen Ablauf- und Verhandlungsprozesse erhalten Sie im **Punkt 1.2** und **2.2** dieses Ratgebers.

<u>Welche didaktisch- methodischen Anforderungen werden an den Kundenberater gestellt?</u>

- Pädagogische Grundkenntnisse in der Anwendung von Didaktik und Methodik
- Kenntnisse und Erfahrungen in der Art und Weise des Vorgehens in der Kundenberatung oder im Verhandlungsgespräch
- Kenntnisse und Erfahrungen im Umgang mit der methodischen Vielfalt (z.B. Vortrag, Dialog, Projekt- oder Modellvorstellung, Kundenseminare, etc.)
- Kenntnisse und Erfahrungen über die Anwendung spezifischer Methoden (der Gesprächsführung, Präsentationen) zugeschnitten auf den jeweiligen Kundenkreis oder Kundentyp.
- Kenntnisse und Erfahrungen zum Methodenwechsel, wie z.B. wann und an welcher Stelle ist ein Methodenwechsel nützlich und angebracht.

Hinweise und Anregungen dazu erhalten Sie im **Punkt 2.2** dieses Ratgebers.

2.1.3 Anforderung an die Kompetenz
(Fachliches Wissen und praktische Erfahrungen)

Neben den bereits im Punkt **2.1.1 und 2.1.2** genannten Anforderungsprofilen ist die Anforderung an die fachliche Kompetenz von eminenter Bedeutung. Fachliches Wissen und praktische Erfahrungen prägen das Persönlichkeitsprofil eines Beraters. Sie sind damit Grundvoraussetzung für den Erfolg einer Kundenberatung.

<u>Welches fachliche Wissen sollte ein Kundenberater besitzen, was zeichnet ihn aus?</u>

1. Ein gutes Allgemeinwissen

   - Beherrschen der Grammatik in Sprache und Rechtschreibung
   - Grundkenntnisse in Mathematik, insbesondere das Beherrschen der Grundrechenarten, der Prozent- und Zinsrechnung, des Dreisatzes und der Maßeinheiten
   - Grundkenntnisse im Umgang mit dem Personalcomputer
   - Fremdsprachenkenntnisse (Grundkenntnisse) insbesondere in der Englischen Sprache
   - Produkt- und Dienstleistungskenntnisse
   - Grundkenntnisse der Betriebswirtschaft
   - Kosten- Nutzenskalkulationen
   - Markt- und Konjunkturkenntnisse
   - Verwaltungserfahrung
   - Werbung- und Telefonmarketingerfahrung
   - Logistikerfahrung
   - Grundlagen des Vertragsrechts
     (z.B. Kaufvertrag, Leasingvertrag, Leihvertrag, Liefervertrag, etc.)

2. Aktuelles Tageswissen

   - in Politik und Wirtschaft z.B. Marktsituation, Gesetzesveränderungen etc.
   - in der jeweiligen Branche, die der Kundenberater vertritt, z.B. Preis-Leistungsangebote und Strategien der Mitbewerber etc.

3. Fachliche Anforderungen

Neben den Anforderungen, Wissen und Können, wie sie im **Punkt 2.1.1** und **2.1.2** beschrieben wurden, gehören die speziellen fachlichen Anforderungen dazu. Sie sind wichtigste Bestandteil einer fach- und sachorientierten Kundenberatung. Grundvoraussetzung für einen Kundenberater ist ein branchenbezogener Berufsabschluss und mehrere Jahre Berufs- und Praxiserfahrung.

Aufgrund der besonderen Bedeutung der Sachkompetenz soll im Folgenden hierauf näher eingegangen werden:

Er sollte:

1. Kenntnisse über die innerbetrieblichen Arbeitsabläufe und Strukturen besitzen.
2. sich genauestens über betriebliche Waren- oder Dienstleistungsangebote sowie Serviceangebote auskennen.
3. Kenntnisse und Erfahrungen über Kosten- Leistungskalkulationen, über Variantenvergleiche z.B. Preis- Leistungsvergleiche für Waren und Dienstleistungen besitzen.
4. in der Lage sein, den Kunden genauestens die Vor- und Nachteile von Waren- und Dienstleistungsangeboten zu erläutern (Preis-Leistung-Qualität und Serviceangebote).
5. Kenntnis über mögliche Preisnachlässe, Rabatte und Skontokonditionen haben.
6. in der Lage sein, einen Kostenvoranschlag zu erstellen.
7. gewillt sein, sein Wissen, Können und seine praktischen Erfahrungen weiter zu vervollkommnen, nicht nur als Autodidakt (eigenständige Aneignung), sondern auch durch betriebliche und überbetriebliche Weiterbildungsmaßnahmen und durch einen intensiven Erfahrungsaustausch.

2.1.4 Das Persönlichkeitsbild und Leistungsprofil eines Beraters

Das **Persönlichkeitsbild** eines Menschen zeigt sich in der Verwirklichung seiner individuellen Identität und dem eigenständigen Verhalten.
Die unterschiedlichen Persönlichkeiten spiegeln sich in der Menschentypologie wider. Man geht davon aus, dass jeder Mensch eine Persönlichkeit ist. Unterschiede treten erst auf, wenn man die Mensch-Persönlichkeit näher charakterisiert und zwar nach spezifischen Merkmalen. Dabei kann man feststellen, dass der Persönlichkeitstyp Kundenberater „Müller" andere spezifische Merkmale aufweist als der Kundenberater „Lehmann".
Der Kundenberater „Müller" ist ein selbstbewusster, kontaktfreudiger, kreativer, Kundenberater. „Lehmann" dagegen ist zurückhaltend, unbeholfen und unverlässlich. Kundenberater „Lehmann" wird es schwer haben, Kunden zu begeistern. Er muss noch viel an sich arbeiten, um eine anspruchsvolle Beraterpersönlichkeit zu werden.

Das **Leistungsprofil** ist persönlich auf den Kundenberater zugeschnitten. Er muss sowohl die Interessen seines Unternehmens als auch die Interessen der Kunden vertreten. Dabei dürfen natürlich die eigenen Interessen der Eigenverantwortlichkeit, des selbständiges Handelns und des eigenen Engagements nicht zurückgedrängt werden.

Nach welchen Merkmalen werden Persönlichkeitsbild und Leistungsprofil eines Beraters gekennzeichnet?

1. Eigene Zielvorstellungen haben

Jeder Mensch entwickelt eigene Zielvorstellungen, ob es im privaten Leben oder im Beruf ist.
Zielvorstellungen können sein: Anerkennung, Prestige, berufliche und private Sicherheit, Erfolge, etc..
Sicherlich sind Ihre Zielvorstellungen eng mit bestimmten Idealen und Prinzipien verbunden wie: Glück, Freude, Streben nach Vollkommenheit, aber auch Pflichtgefühl und Disziplin.

Welche Ziele setzen Sie sich als Kundenberater?

Doch sicherlich folgende:
 - den Kundenstamm halten
 - für Kundenzufriedenheit sorgen
 - neue Kunden gewinnen

Sie werden jetzt fragen, wie schaffe ich das?

Sie werden es schaffen, wenn Sie fest entschlossen sind Ihre Ziele zu erreichen und dabei Ihre Aktivitäten über Begeisterung, Motivation, Kompetenz und innere Überzeugung gegenüber dem Kunden voll entfalten.

2. Positive Einstellung

Eine positive Einstellung zum Leben, zum Beruf, zur täglichen Arbeit ist eine Grundvorrausetzung einer Kundenberaterpersönlichkeit. Es ist manchmal nicht so einfach positiv zu denken und zu handeln gegenüber einem Kunden, der schlechtgelaunt zur Kundenberatung kommt. In diesem Falle sollten Sie nicht gleich resignieren, viel mehr sollten Sie den Kunden dazu bewegen positiv zu denken. Bringen Sie dem Kunden Verständnis und Fairness entgegen. Gehen Sie ruhig, gelassen und mit einem Lächeln zum Gespräch über. Sie werden merken, Sie haben jetzt den Kunden auf Ihrer Seite. Einem erfolgreichen Kundengespräch steht nichts mehr im Wege.

3. Selbstsicher gegenüber dem Kunden auftreten und handeln

Gehen Sie selbstbewusst (nicht überheblich!) und souverän auf den Kunden zu. Verhandeln Sie ruhig, sachlich, kompetent und kundenbezogen. Lassen Sie sich nicht vom Kunden durch Rückfragen verunsichern, denn dann wird der Kunde auch unsicher. Er zweifelt an Ihrer Überzeugung und Kompetenz. Wenn Sie auf eine Rückfrage z.B. zu Leistungsparametern eines Produktes/Ware nicht gleich eine exakte Auskunft geben können, dann greifen Sie zum Telefon und fragen Sie einen Ihrer Spezialisten, der Ihre Frage auch beantworten kann. Denn es ist besser sich Informationen einzuholen, als den Kunden falsch zu beraten. „Denn man kann ja nicht alles Wissen", dass versteht auch der Kunde.

Fazit: Informieren Sie sich genauestens über das Waren-Leistungsangebot, über Qualitäts- und Leistungsparameter und anderen wichtigen Angebotspositionen Ihres Unternehmens.

---

4. Sprechen Sie immer die Sprache des Kunden

Stellen Sie sich auf die Sprache des Kunden ein. Sprechen Sie so, dass der Kunde es auch versteht. Verzichten Sie auf Fremdwörter oder übertriebenes Fachwissen. Gehen Sie, wenn der Kunde es mag, auf das Privatleben ein, z.B. Wie geht es Ihnen? Wie fühlen Sie sich? etc..
Wenn der Kunde beim Kauf oder bei Auftragserteilung Hilfe braucht, gewähren Sie Ihm diese und erläutern Sie an Hand von Beispielen die Vor- und Nachteile.

Lassen Sie sich dafür viel Zeit. Sie sollten den Kunden nicht vom Produkt oder von den Leistungen überreden oder womöglich „übers Ohr hauen", sondern vielmehr überzeugend die Vor- und Nachteile darlegen.

5. Begeisterung ist die beste Waffe des Kundenberaters

Begeistern Sie den Kunden mit einer positiven Ausstrahlung und rhetorischem Können aus innerer Überzeugung. Überspielen Sie Ihre eigenen Sorgen oder Launen mit einem freundlichen Lächeln, auch wenn es Ihnen manchmal schwer fällt. Lassen Sie sich als Kundenberater von dem Grundsatz leiten, so wie Ihre Ausstrahlung und Begeisterung auf den Kunden einwirkt, so wird auch die Motivation des Kunden sein, der dann auch bereit ist einen Kundenauftrag zu erteilen.

6. Auch Misserfolge prägen das Persönlichkeitsbild eines Beraters

Es ist eine Illusion, anzunehmen, dass ein Kundenberater nur von Erfolgen begleitet wird. Misserfolge und Rückschläge gehören genauso zur täglichen Kundenberatung, wie Erfolge. Misserfolge haben sogar etwas Positives. Sie denken über die Misserfolge nach und fragen sich, wie kam es dazu, was habe ich falsch gemacht. Haben Sie die Misserfolge analysiert, so kommen Sie zu der Schlussfolgerung, die Fehler abzustellen und es künftig besser zu machen.
Dabei sollten Sie sich vom Optimismus leiten lassen, dass Sie ja erfolgreich waren. Begnügen Sie sich auch damit, wenn Sie von zehn oder mehr Kundengesprächen nur einen für einen Kundenauftrag gewonnen haben, auch das ist ein Erfolg für Sie.

Denken Sie daran: Misserfolge sind dazu da um zu lernen und es besser zu machen. Auch der Text eines Liedes soll Sie aufmuntern und motivieren:
„Nach Regen scheint Sonne – nach weinen wird gelacht".

<u>Fazit:</u> Persönlichkeitsbild und Leistungsprofil eines Beraters
Er sollte:
- kreativ sein, geprägt von Schöpfertum, Erfindungsgeist und Ideenreichtum.
- aufgeschlossen sein gegenüber den Kunden und den Mitarbeitern des Unternehmens.
- Optimismus und Begeisterung ausstrahlen und zwar in Wort und Tat.
- in jeder Phase des Gespräches kontaktfreudig und tolerant sein, gegenüber dem Kunden.
- Ausgeglichenheit in seinem Verhalten ausstrahlen.
- zuverlässig sein in Wort und Tat.
- souverän, selbstsicher und rhetorisch gekonnt das Kundengespräch führen.
- sicher und selbstbewusst seinen Standpunkt vertreten.
- in jeder Situation das Image des Unternehmens repräsentieren.
- belastbar sein, Durchhaltevermögen besitzen und entscheidungskompetent sein

2.2 Erfolgreiche Ablaufprozesse – Verhandlungsstrategien – Kundenaufträge durch Begeisterung, Kompetenz des Beraters und dem Image des Unternehmens (Handlungsanleitung)

Erfolgreiche Ablaufprozesse, Verhandlungsstrategien, die im komplexen Zusammenwirken mit einer begeisterten und kompetenten Kundenberatung ablaufen und das Image des Beraters und das des Unternehmens einfließen lassen, haben Erfolg und bringen Kundenaufträge.
Bleibt einer der Faktoren aus, dann ist die Wechselbeziehung gestört und das Kundenverhältnis geschwächt.
Es ist für den Berater leichter mit dem Kunden zu verhandeln, wenn das Image des Unternehmens gut und bekannt ist, anderseits setzt es aber voraus, dass der Berater auch begeisternd, sachkundig und imagebezogen die Beratung führt.
Umgekehrt wird es der Berater schwer haben einen Kunden zu überzeugen, wenn das Image des Unternehmens weniger bekannt ist und er wird es noch schwerer haben, wenn das Image durch schlechte Arbeitsqualität in einen negativen Ruf gekommen ist. In diesem Fall muss der Berater alle Register seines Wissens und Könnens ziehen, um das Image des Unternehmens wieder aufzupolieren, um verlorene Kunden wieder zurück zu gewinnen und bei Neukunden das Interesse für das Unternehmen zu wecken. Dabei sollten auch die Fehler des Unternehmens gegenüber dem Kunden aufgedeckt und analysiert werden. Der Kunde wird es verstehen, wenn Sie ihm sagen, dass das Unternehmen aus den Fehlern gelernt hat und in Zukunft kundenzufriedenstellend seine Arbeit fortsetzen wird.

Übrigens: Fehler macht jeder, sie müssen nur rechtzeitig erkannt und gründlich korrigiert und behoben werden und Maßnahmen ergriffen werden, die ein wiederholtes Auftreten vermeiden.

2.2.1 Erfolgreiche Ablaufprozesse einer Kundenberatung (zeitlich – organisatorische Ablaufplanung)

Bevor Sie mit dem Gespräch beginnen, erarbeiten Sie sich vorher einen Fahrplan wie Sie die Kundenberatung ablaufen lassen wollen. Denn eine gute Vorbereitung ist für den Erfolg des Gespräches mit dem Kunden von eminenter Bedeutung. Der Erfolg ist sozusagen vorprogrammiert. Sicherlich haben Sie schon mehrmals erlebt, dass Sie sich aus Zeitgründen nicht vorbereiten konnten und haben dabei feststellen müssen, dass das Gespräch nicht zu Ihrer Zufriedenheit und auch nicht zur Zufriedenheit des Kunden gelaufen ist. Vielleicht haben Sie sich auch gedacht, ich werde es schon packen, ich bin doch ein geschulter und erfahrener Kundenberater und haben dabei den Kunden unterschätzt.

Deshalb sollten Sie sich vom Sprichwort leiten lassen „Vorbeugen ist besser als Heilen".

Denn Kunde ist nicht gleich Kunde. Jeder der Kunden hat seine spezifischen Besonderheiten wie: Charaktereigenschaften, Erfahrungen und Wissen.

Um auf die spezifischen Besonderheiten des Kunden eingehen zu können und diese im Gespräch zu beachten und zu berücksichtigen, ist eine Vorbereitung unumgänglich.

Vorbereitung ist die „Generalprobe" des Gespräches.

Die Vorbereitung für ein Gespräch unterscheidet sich im Wesentlichen in vier Richtungen:
- Kundengespräch im Unternehmen
- Kundengespräch beim Kunden vor Ort oder auf der Baustelle etc.
- Kundengespräch auf Messen, Ausstellungen etc.
- Kundengespräch am Telefon (Kundenanrufe, Werbegespräche etc.)

Jede dieser vier Gesprächsarten hat ihre eigene Spezifik der Vorbereitung. Auf einige dieser Gesprächsarten und ihre Spezifik wurde in den **Punkten 1.4** und **2.1** dieses Buches eingegangen.

Was jeder Kundenberater braucht, egal in welche Richtungen er das Gespräch führt, ist ein Ablauf- und Verhandlungsplan.

Der Ablaufplan sollte sich mehr auf den zeitlichen-organisatorischen Ablauf beziehen, der Verhandlungsplan dagegen auf den inhaltlich-methodisch-didaktischen Teil.

<u>Was gehört alles zur zeitlich-organisatorischen Ablaufplanung?</u>

Bei der zeitlichen Ablaufplanung sollten Sie immer davon ausgehen: „Zeit kostet Geld". Die Zeit effektiv zu nutzen ist die Devise eines jeden Menschen, insbesondere aber eines Berufstätigen, egal in welcher Position er tätig ist. Arbeitszeit, Freizeit, Zeit für die Familie, Zeit für Erholung etc. ist kostbare Zeit, die geplant werden muss.

Jeder von uns hat seine eigene Zeitplanung. Auch der Kundenberater muss seine ihm zur Verfügung stehende Zeit effektiv planen.
Sie werden vielleicht sagen, warum eine Zeitplanung, es kommt doch anders als man plant, wenn z.b. ein angemeldeter Kunde plötzlich den Termin für das Kundengespräch absagt oder ein unangemeldeter vor der Tür steht. Sicherlich haben Sie sich vorher Gedanken gemacht, was mache ich, wenn ein solcher Fall eintritt. Warte ich auf den nächsten Kunden und verschenke dabei Zeit oder nutze ich die Zeit, um liegen gebliebene Arbeiten zu erledigen, z.B. Auftrags- und Marketingbearbeitung, Kundenbesuche vorbereiten u.a.m..
Auch solche Alternativlösungen sind in der Zeitablaufplanung zu berücksichtigen.

Zusammengefasst sollten folgende Inhalte in einen zeitlich-organisatorischen Kundenberaterplan enthalten sein:

1. Formulierung eigener Zielstellungen, die darin bestehen, den Kunden für den Kauf eines Produktes oder für eine Auftragserteilung zu begeistern. Dabei bedienen Sie sich vielfältiger Methoden und Taktiken um dieses Ziel zu erreichen.

2. Formulierung des zeitlich-organisatorischen Ablaufes des Gespräches von der Beratung bis zum Kundenauftrag. Dieser Ablauf könnte folgende Reihenfolge beinhalten:

   - Begrüßen Sie den Kunden mit einem Lächeln höflich und zuvorkommend. Stellen Sie sich mit Ihrem Namen vor. Denken Sie daran, dass Ihr erster Auftritt durch die Begrüßung der wichtigste und entscheidenste Auftritt für die weiteren Gesprächsverhandlungen ist.
   - Bieten Sie dem Kunden Platz und Getränke an. Es ist eine Höflichkeitsgeste, die beim Kunden gut ankommt.
   - Bevor Sie das Gespräch beginnen, finden Sie die richtigen Einstiegsformulierungen, z.B. „Wie geht es Ihnen, hatten Sie eine gute Fahrt?"
   - Stellen Sie dem Kunden Ihr Aufgabenbereich vor. Geben Sie dem Kunden einen Überblick über die Firmenpsychologie, über die Unternehmensstruktur, über Waren- und Leistungsangebote etc..
   - Fragen Sie den Kunden nach seinem Anliegen. Gehen Sie auf Wünsche und Probleme ein, wenn notwendig auch nachfragen. Lassen Sie sich hier viel Zeit, um den genauen Kauf- bzw. Auftragswunsch zu ermitteln.

   - Erläutern Sie den Kunden mit einer ehrlichen kundenverständlichen Sprache, oder an Hand von Beispielen oder Objekten, die Vor- und Nachteile der Waren, Produkte oder Dienstleistungen im Hinblick auf Preis, Leistung, und Qualität. Sagen Sie ihm, warum das Produkt bzw. die Dienstleistung „A" besser ist als „B".

- Achten Sie nach dem Angebot auf die Reaktion des Kunden. Ist sie zurückhaltend, abweisend oder bereitwillig. Reagieren Sie dann entsprechend durch Nachfragen und weiteren Erläuterungen. Dabei keine Zwangsüberzeugung anstreben.
- Den Kunden auf mögliche Preiskonditionen, Preisnachlässe, Rabatte, Skonto, Garantie- und Serviceleistungen hinweisen und dabei die Kauf- oder Auftragsmotivation überzeugend aktivieren.
- Wenn Einigung, dann Kundenauftrag abschließen. Den Inhalt des Auftrages erläutern. Unterschriften beider Parteien vollziehen.
- Dank für das Kommen aussprechen. Viel Freude und Erfolg z.B. mit dem gekauften Gegenstand wünschen. Visitenkarte dem Kunden überreichen. Sagen Sie zum Schluss: „Ich bin immer für Sie da, immer wenn Sie es wünschen."

Der zeitlich-organisatorische Ablauf einer Gesprächsvorbereitung soll keine starre und absolute Schrittfolge darstellen, er ist als Anleitung zum Handeln gedacht.

Es ist ein Unterschied, ob Sie mit einen Stammkunden das Gespräch führen oder mit einem Neukunden, ob Sie vor Ort beim Kunden sind oder auf der Baustelle mit einem Kunden sprechen.
Die vorgeschlagene zeitliche Reihenfolge eines Kundengespräches ist in erster Linie für das Erstgespräch mit Neukunden ausgelegt.

<u>Was bringt mir eine zeitlich- organisierte Planung?</u>

- mehr Sicherheit und Ruhe bei der Kundenberatung
- Zeitersparnis und weniger Zersplitterung des Zeitrelevanz
- zielgerichtetes Arbeiten mit weniger Ablenkung
- Verhinderung von Durcheinander im Zeitablauf
- Einsparung von Zeit, wenn ein Terminplan vorliegt
- Kundenbesuche können kontinuierlicher ablaufen.

<u>Welche zeitraubenden und weniger nutzbringenden Aktivitäten (Zeitkiller) sollten Sie unbedingt meiden?</u>

- Ablenkung bei einem Kundengespräch z.B. durch den Kunden, wenn er allgemeine Fragen stellt oder sich nur informieren will ohne die Absicht zu haben etwas zu kaufen.

- Ablenkung durch eigene Mitarbeiter oder durch Ihren Vorgesetzten, durch banale Fragenstellungen, die auch nach der Kundenberatung geklärt werden können. Sie werden in diesem Falle vom Gespräch abgelenkt, der „rote Faden" des Gespräches ist unterbrochen und Sie benötigen einen neuen Anlauf für die Fortsetzung des Gespräches. Außerdem ist es grob unhöflich → Imageschaden.

- Gehen Sie nicht unvorbereitet in ein Kundengespräch. Machen Sie sich vorher einen Fahrplan mit „Abfahrt und Ankunftszeit", mit Ziel und Ergebnis Ihrer Verhandlung.

- Unterscheiden Sie in jedem Falle die Wichtigkeit und Nichtigkeit eines Gespräches. Legen Sie eine bestimmte Rangfolge fest, setzten Sie Prioritäten.

- Bestellen Sie nicht in jedem Falle den Kunden zum Gespräch vor Ort. Viele Fragen oder sogar alle Fragen können auch am Telefon beantwortet und geklärt werden.

- Lernen Sie auch „Nein" zu sagen, wenn Sie plötzlich vom Vorgesetzten einen Anruf erhalten sofort zu Ihm zu kommen, obwohl Sie gerade vor dem Ende des Verkaufsgespräches sind.

3. Planung der zeitlich-organisatorischen Vorbereitung und des Einsatzes von Hilfsmitteln/Verkaufshilfen.
Zur Vorbereitung eines Kundengespräches ist die Planung von visueller und bildhafter Darstellung von eminenter Bedeutung. Es ist Ihnen als Berater nicht unbekannt, dass man in einem Gespräch, unterstützt mit bildhaften Darstellungen, dem Kunden weitaus besser das Produkt erläutern kann, als nur zu Reden:
„Denn ein Bild sagt mehr als 1000 Worte".
Das bildhafte Denken und Handeln ist bei einigen Kundenberatern noch schwach entwickelt, obwohl doch jeder Berater wissen sollte, dass die Merkfähigkeit und der emotionale Eindruck dadurch eindeutig höher sind als das gesprochene Wort.

Fazit für den Berater: Untermauern Sie das Gespräch mit visuellen Darstellungen. Sie werden erleben, der Kunde ist aufmerksamer, wird gesprächiger, begreift schneller, wirkt überzeugter, wird motiviert und ist von dem Produkt schneller begeistert.

Wann der Einsatz von visuellen Mitteln erfolgt und an welcher Stelle sie eingesetzt werden, hängt im Wesentlichen von dem Kunden ab, vom Produkt und der Dienstleistung und vom Interesse des Kunden.
Möchte der Kunde z.B. eine Waschmaschine kaufen, dann sollten Sie das Gespräch mit Prospekten und Modellen unterstützen.
Hat der Kunde die Absicht eine neue Heizungsanlage zu installieren, dann sollten Sie z.B. mit Modellen und Bildern, ausgeführten Anlagen, technischen Auslegungsdiagrammen, Prospekten u.a.m. arbeiten.

Weitere Hilfsmittel/Verkaufshilfen zur visuellen Darstellung wären:

- Materialmuster
- Fotos
- Grafiken
- Referenzen über Produkte, Projekte und Kundenreferenzen
- Vergleichsmuster über Preis- Leistung- Qualität
- Aussagen über den Nachweis des Marktanteils eigener Produkte im Territorium
- Aussagen über die Beweisführung - warum das eigene Unternehmen besser ist als die Mitbewerber
- Aussagen über die Kundenzufriedenheit mit dem Unternehmen.

2.2.2 Erfolgreiche Verhandlungsstrategien

Eine Verhandlung bedeutet mit einfachen Worten ausgedrückt, die Vorstufe einer Einigung oder im negativen Sinne gesprochen, das nicht Zustandekommen einer Einigung. Wenn sich beide Verhandlungspartner, Berater und Kunde, für einen Auftrag (Verkauf/Kauf) entschieden haben, erfolgt die Endstufe der Verhandlung, nämlich der Abschluss eines Kauf- bzw. Kundenauftrages.

Welche Etappen sind charakteristisch für eine erfolgreiche Verhandlung?

2.2.2.1 Vorbereitung
2.2.2.2 Eröffnung
2.2.2.3 Verhandlungsstrategie(n)
2.2.2.4 Einigung und Kundenauftrag
2.2.2.5 Nachbereitung einer Verhandlung

Die vorgeschlagenen Etappen der Abfolge sind nicht grundsätzlich einzuhalten, sollten aber als Anleitung zum Handeln dienen. Sie werden z.B. nicht in jedem Falle die Abfolge bzw. das Zeitlimit einhalten, wenn es sich um einen Stammkunden handelt, den sie persönlich kennen und der bereits in Ihrem Unternehmen mehrmals Waren/Produkte eingekauft hat.
Ein Stammkunde hat Vertrauen zu Ihnen und zu Ihrem Unternehmen und benötigt weniger Beratungs- bzw. Verhandlungszeit als ein Neukunde. Erfahrungen besagen, dass Stammkunden 40-60 % weniger Verhandlungszeit benötigen als Neukunden.

2.2.2.1 Die Verhandlungs-Vorbereitung

Im Zusammenhang mit den zeitlich-organisatorischen Ausführungen im
Punkt 2.2.1 geht es bei den nachfolgenden Darlegungen um die inhaltlichen Aspekte in der Vorbereitung.
Ein zeitlich-organisatorischer Plan ist nicht vollständig und weniger nutzbringend, wenn nicht auch der inhaltliche Teil des Plans integriert ist. Nur ein komplexer Plan sichert auch eine erfolgreiche Vorbereitung und bringt Gewissheit für einen Kundenauftrag.
Bei der inhaltlichen Vorbereitung sollte zunächst klargestellt werden, um welchen Kunden und um welche Art der Verhandlung es sich handelt. (Handelt es sich um einen Stammkunden oder um einen Neukunden?)
Weiterhin ist festzustellen: Wird die Verhandlung im Unternehmen, beim Kunden vor Ort oder am Telefon geführt?

Alle drei Arten der Verhandlung haben im Grunde genommen ein Ziel, die Verhandlung begeisternd, kompetent und überzeugend zu führen. Geschieht es in der genannten Form, dann ist der Kunde am Ende der Verhandlung zufrieden und ein Kundenauftrag ist so gut wie sicher.

Worauf sollten Sie sich als Berater inhaltlich vorbereiten, welche Fragen sollten Sie sich selber stellen und beantworten?

- Was will ich in der Verhandlung mit dem Kunden erreichen, welches Ziel stelle ich mir?
- Was sage ich dem Kunden bei der Eröffnung der Verhandlung und wie sage ich es dem Kunden, damit der erste Eindruck von mir beim Kunden ankommt?
- Wie stelle ich möglichst schnell fest, welchen „Typus" Kunde ich vor mir habe?
- Wie stelle ich mich auf den Typ des Kunden ein? Ist es ein launischer, ein ausgeglichener, ein zurückhaltender, ein impulsiver, ein empfindlicher oder ein ruhiger Kunde?
- Wie gestalte ich den Einstieg und die Reihenfolge der Verhandlung? Frage ich nach der Begrüßung zuerst nach dem Anliegen des Kunden oder frage ich zuerst nach dem Befinden des Kunden oder zuerst, wie die Fahrt hierher war oder biete ich ihm zuerst Platz und Getränke an?
- Wie gestalte ich nach dem Einstieg die weitere Verhandlungsrunde? Stelle ich dem Kunden zuerst das Unternehmen und sein Image vor, beginne ich gleich über das Anliegen des Kunden zu sprechen oder sage ich gleich etwas zum Produkt-Leistungsangebot des Unternehmens?
- Auf welche weiteren inhaltlichen Schwerpunktfragen sollten Sie sich vorbereiten?

  - auf Nachfragen
  - auf Einwände
  - auf Produkt-Leistungsangebote und deren Qualität
  - auf Variantenvergleiche und auf ihre Vor- und Nachteile
  - auf Preis und Preisvergleiche
  - auf Garantie- und Serviceleistungsmöglichkeiten
  - auf Zahlungskonditionen sowie Preisnachlässe, Rabatte, Skonto etc.

- Wie plane ich den didaktisch-methodischen Ablauf der Verhandlung? Welche Fragemethoden und Fragetechniken wähle ich, wie gehe ich methodisch klug vor, wenn der Kunde Einwände äußert, wie reagiere ich auf Nachfragen, wie bereite ich einen nachvollziehbaren und für den Kunden verständlichen-methodischen Ablaufprozess für die Verhandlung vor?
- Wie setze ich meine Menschenkenntnisse und psychologisch-rhetorischen Fähigkeiten sowie meine Kompetenzen am effektivsten ein, um Kunden für einen Kauf/Auftrag zu begeistern?

- Welche Unterlagen sollte ich für die Verhandlung bereithalten?
    - Kalkulationsbeispiel, z.B. auf dem Gebiet der Dienstleistung
    - Sortiments- und Preiskataloge
    - Prospekt- und Werbematerial
    - Beweismaterial, z.b. über Kundenzufriedenheit
    - Beweismaterial, z.b. über Produktqualität einschließlich Leistungsqualität
    - Bildmaterial, z.B. über Musterprojekte

2.2.2.2 Die Eröffnung der Verhandlung

Da Sie sich bereits auf die Verhandlung vorbereitet haben, gehen Sie jetzt den nächsten Schritt und eröffnen die Verhandlung. Dabei sollten Sie nicht vergessen, vorher die äußerlichen Rahmenbedingungen für die Verhandlung zu schaffen, wie: Bereitstellung von Getränken, Fernhalten von Störungen, freundliche Umgebung und bequeme Sitzmöglichkeit schaffen.
Eröffnen Sie jetzt die Verhandlung mit Begeisterung und einem Lächeln und halten Sie den Augenkontakt zum Kunden. Wecken Sie mit der Eröffnung das Interesse des Kunden für die Verhandlung. Denken Sie daran, der Ersteindruck beim Kunden ist der Entscheidende für das weitere Gespräch. Fällt der Eindruck indifferent oder abwartend aus, dann werden Sie es schwerer haben, Ihren Eindruck im Laufe der Verhandlungen wieder aufzupolieren.
Es ist deshalb in jedem Falle ratsam, dass Sie sich gerade bei der Verhandlungseröffnung genau überlegen, was Sie sagen wollen, wie Sie es sagen wollen und wie Sie dabei ungezwungen auf eine natürliche Art und Weise Ihre Begeisterung, Ihr Engagement und Ihre Kompetenz dem Kunden nahe bringen. Hat Ihre Begeisterung den Kunden erreicht- ist der Funke übergesprungen, dann können Sie ruhig und gelassen in die Verhandlungen übergehen.

Die ersten Sätze der Eröffnung sollten kurz und präzise sein. Es reicht völlig aus, wenn Sie sagen: Sehr geehrte/r Herr oder Frau ..., ich begrüße Sie recht herzlich zum Kundengespräch und bedanke mich für Ihr Kommen. Mein Name ist ... . Ich bin der zuständige Kundenberater des Unternehmens ... . Mein Aufgaben- und Verantwortungsgebiet ist ... . Ich wünsche uns jetzt einen angenehmen und erfolgreichen Verlauf unseres Verhandlungsgespräches und hoffe Ihre Erwartungen und Wünsche zu erfüllen.

2.2.2.3 Die Verhandlungsstrategie(n)

Gehen Sie davon aus, dass der Eindruck, den Sie bei der Eröffnung hinterlassen haben, gut und prägend war. Damit haben Sie eine gute Ausgangsbasis geschaffen um erfolgreich die Verhandlung zu führen.
Bevor Sie in den eigentlichen Verhandlungsprozess einsteigen, gehen Sie zur persönlichen Fragestellung über wie z.B.:
- Wie war die Fahrt hierher?
- Wie geht's Ihnen persönlich?
- Wie geht's Ihrer Firma?
- etc.

Danach sollten Sie den Kunden nach seinen Anliegen und Wünschen fragen, Ihn dabei ausreden lassen und nicht unterbrechen.
Wenn der Kunde unsicher reagiert, sollten Sie Ihm Hilfestellung über Nachfragen geben um sein Anliegen verständlich zu machen. Dabei geben Sie dem Kunden mehr Sicherheit und bauen gleichzeitig Vertrauen auf.
Um aber ein Angebot erarbeiten und vorschlagen zu können, das den Nutzen des Kunden in den Vordergrund stellt, ist es wichtig und notwendig seine Motive, Wünsche und Erwartungen näher kennen zulernen. Nur wenn Sie sich in die Situation des Kunden versetzen, werden Sie die wirklichen Beweggründe des Kunden erfahren und danach auch die entsprechenden Lösungen anbieten.
Haben Sie durch weitere Fragen bzw. Nachfragen das Kauf- bzw. Auftragsmotiv erfahren und das Produkt oder Dienstleistung im Konkreten ermittelt, kann der nächste Schritt der Angebotslösung beginnen.

Nachdem Sie das Anliegen des Kunden durch zusätzliche Fragen und Nachfragen annähernd ermittelt haben, sollten Sie jetzt dazu übergehen, gemeinsam mit dem Kunden ein zugeschnittenes Angebot zu erarbeiten. Dazu sind aber noch zusätzlich Detailfragen mit dem Kunden zu klären, wie z.B.:

- Wie hoch sollte der Preis des Produktes oder der Dienstleistung sein?
- Welche Besonderheiten sollte das Produkt oder die Dienstleistung aufweisen?
- Welche Vorstellungen hat der Kunde über die Qualität des Produktes oder der Dienstleistung?
- Welche Vorstellung hat er über das Leistungsvermögen?
- Welche Vorstellung hat er über die Serviceleistung?
- Welche Vorstellung hat er über die Bedienbarkeit des Produktes oder der Anlage?
- Welche Vorstellung über Zahlungskonditionen hat der Kunde?
- Hat der Kunde Terminvorstellungen
  (z.B. Lieferung, Beginn und Fertigstellung von den Dienstleistungen)?

Sicherlich wird der Kunde nicht alle Fragen präzise beantworten können.
Fragen Sie deshalb nach, erläutern Sie Ihm die Fragestellung in einer einfachen Art und Weise, so dass der Kunde Ihre Sprache auch versteht. Untermauern Sie die Erläuterung möglichst mit Fakten und Beispielen.
Um einen Konsens mit dem Kunden zu erreichen, sollten Sie insbesondere in dieser Phase bemüht sein ein gutes Vertrauensverhältnis aufzubauen.
Dabei sollten Sie die im **Punkt 1.2** gegebenen Hinweise nutzen, um Ihre Verhandlungsargumentation überzeugend darzulegen.

<u>Welche Argumente wirken auf den Kunden überzeugend, um ein gewünschtes Produkt oder eine gewünschte Dienstleistung in Ihrem Unternehmen zu kaufen bzw. einen Dienstleistungsauftrag zu erteilen?</u>

1. Machen Sie dem Kunden deutlich, warum er das Produkt oder die Dienstleistung Ihres Unternehmens erwerben sollte. Heben Sie deutlich die Vorteile heraus und untermauern Sie diese mit Beispielen, Zahlen und Kennziffern. Zeigen Sie an Hand von Fakten dem Kunden auf, dass sich Ihr Produkt oder Ihre Dienstleistung deutlich von anderen Unternehmen abhebt.
Überzeugen Sie den Kunden an Hand von durchgeführten Kundenbefragungen, wie zufrieden sich Ihre Kunden über die Produkte oder Dienstleistungen äußern.

2. Überzeugen Sie den Kunden, dass der Preis, den er für das Produkt oder für die Leistung zahlen muss, gerechtfertigt ist. Der Preis eines Produktes oder einer Dienstleistung ist meistens die erste Fragestellung des Kunden. Der Kunde fragt nicht in erster Linie nach der Qualität oder Leistung (es gibt Ausnahmen), viel mehr steht der Preis im Mittelpunkt der Verhandlung.
Der Kunde wird meistens nie bestätigen, dass der Preis richtig liegt oder sogar günstig liegt. Er vermutet meistens, dass beim Preisangebot noch ein gewisser Spielraum vorhanden ist und er übervorteilt wird.
Sollten sich als Kundenberater nun fragen, warum muss ich eigentlich etwas so völlig normales, wie den Preis, gegenüber dem Kunden verteidigen?
Sie sollten den Preis rechtfertigen, sonst geht der Kunde in ein anderes Unternehmen und kauft sich dort das Produkt, das besser angeboten und erläutert wird. Es muss nicht preiswerter sein!
Es kommt auf Ihr Geschick und auf Ihre richtige Argumentation an, um den Preis ins richtige Licht zu rücken.
Machen Sie dem Kunden klar, dass die Qualität und der Nutzen den Preis rechtfertigen. Bringen Sie dazu Beispiele:

Beispiel A: Ihre Stammkunden kaufen gerne bei Ihnen ein, weil sie wissen, dass die Produktqualität oder Dienstleistungsqualität besser ist als bei anderen Unternehmen. Sie kennen die Vorteile des Nutzenseffektes, des Bedienungskomforts, der Garantie- und Serviceleistung etc., die der Kauf beinhaltet.

Beispiel B: Ihr Produkt oder Dienstleistung wird nicht für einen Schleuderpreis und als Billigpreis auf dem Markt angeboten. Ihr Unternehmen ist ein seriöses Unternehmen und hat ein gutes Image auf dem Markt. Ihr Unternehmen steht zu dem Slogan „Meine Hand für mein Produkt" und garantiert in jedem Falle hohe Qualität und beste Nutzenseffekte und eine lange Nutzungsdauer.
Wichtig: es ist genau das Produkt, das der Kunde will.

Beispiel C: Sollte der Kunde mit dem vorgeschlagenen Preis nicht einverstanden sein und neigt er dazu nicht weiter zu verhandeln, dann bieten Sie aus Kulanz ein Preisnachlass an, vorausgesetzt, dass dieser in der Preisqualität enthalten ist. Fangen Sie nicht gleich mit dem höchsten Preisnachlass an sondern verhandeln Sie erst mit dem Niedrigsten. Dieser kann in Form von Rabatten, Sonderkonditionen oder mit einem Skonto gewährt werden. Auch Zahlungskonditionen können vereinbart werden, wie Sofortzahlungen mit Skonto, Teilzahlungen oder Gewährung von Krediten ist eine weitere Möglichkeit.

3. Machen Sie den Kunden auf die guten und anspruchsvollen Service- und Garantieleistungen Ihres Unternehmens aufmerksam.
Gute Service- und Garantieleistungen gehören nicht nur zum Verkaufgebaren sondern sie sind vielmehr dazu da, um den Kontakt zum Unternehmen zu halten. Nur das Unternehmen, das bereit ist, viele kleine Extras für seine Kunden zu gewähren, wird langfristig seine Kunden halten. Die Zeit, die Sie für Service- und Garantieleistungen investieren zahlt sich immer aus, nach dem Motto:

- Wer anderen hilft, hat nie umsonst gearbeitet.
- Durch Hilfe wird das Image des Unternehmens gestärkt.
- Mühe macht sich bezahlt und bindet Kunden.

Sagen Sie dem Kunden, welche Garantie- und Serviceleistungen Sie im Zusammenhang mit dem Kauf eines Produktes oder eines Kundenauftrages für Dienstleistungen übernehmen.
- Übernahme aller Garantieleistungen, gleich welcher Art sie sind, z.B. Umtausch, Austausch, Reparatur, technische Überprüfung einschließlich Überwachung
- Weiterführende Beratung und Betreuung der Stamm- und Neukunden
- Kurzfristige Erledigung aller anstehenden Garantie- und Serviceleistungen z.B. Anlagenüberprüfung. Reparaturleistungen, Fehlerbehebung u.a.m.
- Aufrechterhalten jeglicher Art von Kontaktbeziehungen z.B. durch Werbung, Angebotskataloge, persönliche Kontaktaufnahme u.a.m.

Verhalten, wenn der Kunde im Verhandlungsablauf Bedenken oder Einwände äußert?

Aus eigener Erfahrung wissen Sie, dass Bedenken und Einwände bei einer Verhandlung gang und gebe sind. Sie gehören zum täglichen Geschäft eines Beraters. Bedenken und Einwände sollten Sie nicht unterschätzen. Sie sollten auf keinen Fall als „Besserwisser" oder als „Überschlauer" auf Einwände reagieren. Eine solche Reaktion kann beim Kunden auf Widerstand stoßen, bis hin zum Abbruch der Verhandlung. Der Kunde fühlt sich verletzt, ungerecht behandelt und nicht ernst genommen. Auch sollten Sie Bedenken und Einwände niemals mit Gegenargumenten beantworten. Das führt schnell zu Streitgesprächen.
Richtig beraten sind Sie, wenn Sie die Bedenken und Einwände als positives Signal oder Zeichen sehen. Der Kunde möchte von Ihnen Orientierungshilfen haben, um sich durch kritische Fragen letztendlich für den Kauf zu entscheiden. Vergessen Sie nicht zu sagen „Ich kann Sie verstehen!" oder „Sie haben aus ihrer Sicht recht!".
Bevor Sie auf die Beantwortung der Bedenken und Einwände eingehen, ist es wichtig und richtig, dass Sie sich zuerst die Frage stellen: Habe ich diesen Einwand auch richtig verstanden? Wenn nicht, dann sollten Sie durch Nachfragen und Zuhören die Hintergründe erforschen. Wenn Sie den Hintergrund erfahren haben, sollten Sie dazu übergehen, gemeinsam mit dem Kunden, die Bedenken und Vorurteile auszuräumen. Dabei sollten Sie Ihre Menschenkenntnisse, Ihre Kompetenz und Rhetorik (nähere Ausführungen dazu im **Punkt 2.1** dieses Buches) voll zur Entfaltung bringen. Wenn Sie so vorgehen, ist für Sie die „Schlacht" zu 80% gewonnen. Wenn Sie aber merken, dass der Einwand auf fehlendem Wissen beim Kunden beruht und er trotzdem dabei bleibt, dass sein Einwand gerechtfertigt ist, dann bitten Sie ihn eine eigenständige Lösung vorzuschlagen. Seien Sie bereit, dem Kunden bei der Entscheidungsfindung zu helfen, was Ihnen, auf Grund Ihres Wissens und Ihrer Erfahrungen, nicht schwer fallen sollte. Der Kunde gibt sich in den meisten Fällen geschlagen, oder aber er lehnt eine weitere Verhandlung ab.
Ein zentrales Thema in den Verhandlungen spielt der Preis.
Ein anderer Teil der Kunden kauft dagegen lieber Qualität, sieht den Preis zweitrangig.

Vorgehen bei der Rechtfertigung des Preises

Als erstes sollten Sie dem Kunden klarmachen, dass der Nutzen höher liegt als der Preis. Welche Vorteile es sind, sollten Sie Ihm an Hand von Prospekten etc. und durch eigene Skizzen aufzeigen. Listen Sie systematisch alle Vorteile auf und beweisen Sie Ihm, dass der Preis stimmt, in dem Sie die ermittelten Kennzahlen, Preis zur Leistung, überzeugend darstellen.

Welche Indikatoren rechtfertigen die Beweisführung der Vorteile?

- Der Kunde will doch eigentlich das Produkt / die Leistung
- Einsparung von Zeit und Personal, wenn es sich z.b. um eine Anlage handelt
- Verbesserung der Qualität durch das Produkt
- Einsparung von Energie, Material u.a.m.
- längere Nutzungsdauer
- geringere Verschleißquote
- höheres Leistungsvermögen
- hoher Umweltstandart
- Nennen Sie auch ein mögliches Skonto (ist immer in der Preiskalkulation enthalten).
- Wenn trotz der aufgezeigten Vorteile der Kauf oder Auftrag scheitern sollte, dann greifen Sie zur letzen Waffe, nämlich zum Rabatt. Dieser sollte grundsätzlich im Rahmen der Preis- Gewinnkalkulation liegen.

Behandlung von Bedenken und Einwänden

- Einwände sind ein positives Zeichen - der Kunde benötigt in vielen Fällen Orientierungshilfen oder einen „Kompass" für die Verständigung
- Hören Sie genau zu, ob der Einwand echt ist oder nur ein taktisches Manöver, versuchen Sie die Wahrheit zu ergründen.
- Zeigen Sie Verständnis für die Motivation des Kunden, dadurch entkräften Sie den Einwand.
- Identifizieren Sie sich mit dem Kundenproblem - Einwand, als Möglichkeit schneller zu einer Lösung zu kommen.
- Machen Sie auf keinen Fall schnelle Versprechen, z.B. Preisnachlass, die Sie dann wohlmöglich nicht einhalten können. Damit schädigen Sie sich selbst und das Image des Unternehmens.
- Vermeiden Sie eine direkte Konfrontation, bleiben Sie besser ruhig, gelassen und freundlich.
- Lassen Sie grundsätzlich den Kunden ausreden, wenn Sie etwas nicht verstanden haben, stellen Sie Nachfragen.
- Liegt der Fehler eindeutig bei Ihnen, dann sollten Sie den Mut haben sich zu entschuldigen und möglichst sofort Korrekturen vorzunehmen.
- Bedenken und Einwände psychologisch- rhetorisch und kompetent richtig behandeln. Verzichten Sie dabei auf Streitgespräche oder Perfektion.

- Kundeneinwände fordern den Kundenberater heraus!
- Kundeneinwände bieten eine Diskussionsplattform!
- Kundeneinwände bieten die Möglichkeit einer Klarstellung!
- Kundeneinwände dienen als Kompass für die Verhandlungsführung!
- Kundeneinwände werden oft als allgemeiner Vorwand in den Raum gestellt!
- Kundeneinwände sind Leuchttürme auf dem Weg zum Auftrag!
- Kundeneinwände sind oft Fragen an den Kundenberater, warum der Kunde gerade das Produkt kaufen soll!

2.2.2.4 Einigung und Kundenauftrag

Wenn Sie die Kundenwünsche und Fragen befriedigend gelöst haben, der Kunden - Nutzen und der Preis in Übereinstimmung geklärt wurden, dann sollte einem Auftrag nichts mehr im Wege stehen.
Doch es kommt auch in dieser Phase der Einigung manchmal noch zu kritischen Situationen. Es werden Argumente vorgeschlagen, die nicht der Grund für die fehlende Kaufbereitschaft darstellen, so z.B. „Ich muss mir das noch mal durch den Kopf gehen lassen" oder „Ihr Preis ist mir immer noch zu hoch" oder „Ich möchte mit meiner Firma/ meiner Frau sprechen". Meistens tritt beim Kunden in dieser letzten Phase der Einigung eine gewisse Unsicherheit und fehlender Entscheidungswille auf „Soll ich das Produkt kaufen oder soll ich nicht".
Auch in solchen Fällen sollten Sie nicht den Mut verlieren und sagen, jetzt erst recht die letzten Bedenken beim Kunden ausräumen. Durch geschickte Fragestellungen und kluger rhetorischer Argumentation (beachten Sie dabei die Hinweise und Tipps in den **Punkten 1.2 und 2.1**) werden Sie hier den Auftrag, wenn auch mit zusätzlichem Verhandlungsaufwand, erhalten.

Fazit: Bleiben Sie hartnäckig, kämpferisch und zielbewusst. Argumentieren Sie konsequent und überzeugend. Ihre zusätzliche Zeit, die Sie dafür investiert haben, war nicht umsonst. Bleiben Sie am Ball, auch wenn der Kunde sagt „Ich überlege es mir und gebe Ihnen in einer Woche Bescheid".

Hat sich der Kunde für einen Auftrag entschieden, dann beglückwünschen Sie ihn zu seiner Wahl und bestätigen Sie ihm noch einmal die Richtigkeit seiner Entscheidung. Schreiben Sie jetzt ruhig und sachlich den Auftrag aus. Nutzen Sie dabei die Gelegenheit für weitere Kundenaufträge und Serviceangebote zu werben.
Danken Sie dem Kunden für den Auftrag und wünschen Sie Ihm viel Freude und Erfolg mit dem gekauften Produkt oder für die in Auftrag gegebene Dienstleistung.
Vergessen Sie nicht dem Kunden Ihre Visitenkarte zu übergeben.
Bei der Auftragserteilung geht es darum, die gegenseitigen Rechte und Pflichten schriftlich zu vereinbaren.

Welche inhaltlichen Vereinbarungen sind von Bedeutung?

- Sitz des Verkäufers und Käufers
- Art und Güte des Produktes oder Art und Zeitpunkt der Dienstleistung
- Allgemeine Geschäftsbedingungen
- Zahlungsbedingungen
- Preisnachlässe (Rabatte, Skonto, etc.)
- Erfüllungsort
- Rücktrittsrechte
- besondere Vereinbarungen
- Datum, Unterschrift beider Partner

Noch einige Tipps für Sie, wie Sie am Verhalten des Kunden Kaufsignale verstehen können. Da die Kaufsignale überwiegend in Form der Gestik, Mimik und der Körperhaltung gesendet werden, sollten Sie die Ausführungen im **Punkt 1.2.3** beachten und sich die gegebenen Hinweise einprägen.

Bereits zu Beginn der Abschlussphase sendet der Kunde gewollt oder ungewollt Kaufsignale. Macht er das nicht, dann hat er noch Informationslücken, er ist noch nicht genügend überzeugt worden. Dadurch hat das Vertrauensverhältnis zu Ihnen noch Schwachstellen oder Sie haben sein Problem nicht richtig erkannt oder seine Bedürfnisse falsch eingeschätzt. Deshalb ist es wichtig für Sie, auf diese Kaufsignale genau zu achten, den Kunden genau zu beobachten, was er mit seiner Gebärdensprache zum Ausdruck bringen will. Reagieren Sie sofort, wenn Signale vom Kunden gesendet werden. Tun Sie das über Fragen oder Nachfragen, um das anstehende Problem zu lösen. Machen Sie das nicht, dann häufen bzw. stauen sich die Signale beim Kunden und Sie haben es später um so schwerer diese Situation umzukehren. Ermitteln Sie deshalb mit Hilfe Ihrer Kenntnisse ständig die Abschlussbereitschaft der Kunden.

Deshalb ist es wichtig dass Sie auf folgende wichtige Kaufsignale achten und geschickt darauf reagieren:

- Das Nase-Reiben ist ein Zeichen der Ablehnung.
- Die Hand am Mund bedeutet Zurückhaltung.
- Die Hand an der Nase bedeutet Nachdenklichkeit.
- Hat der Kunde das Kinn in der Hand aufgestützt, so ist er meist skeptisch und kritisch.
- Ständiges Händereiben bedeutet soviel wie Nervosität aber auch Kaufbereitschaft.
- Die Hand an der Stirn bedeutet Überlegung und Nachdenklichkeit.
- Gestik mit nach oben gerichteten Händen bedeutet Zustimmung.
- Ein böser Gesichtsausdruck äußert Konfrontation.
- Ruhige und lockere Körperhaltung ist ein Zeichen der Verhandlungsbereitschaft.
- Strahlender und begeisternder Gesichtsausdruck oder Kopfnicken sind Zeichen der Kaufbereitschaft.

- Ist der Blick- bzw. Augenkontakt direkt auf den Berater gerichtet, liegt Bereitschaft vor, ist er dagegen nach oben gerichtet, ist er nachdenklich, ist er abwechselnd nach unten, nach rechts oder links gerichtet, herrschen Langeweile oder Unsicherheit oder Verständigungsprobleme oder sein Anliegen ist nicht verstanden worden.

2.2.2.5 Die Nachbereitung

Jede Verhandlung endet mit einem Erfolg, mit einem Teilerfolg oder auch mit einem Misserfolg.
Es ist deshalb für Sie wichtig, den Ablauf der Verhandlung genau zu analysieren. Ist sie aus Ihrer Sicht gut gelaufen, sind Sie damit zufrieden oder gab es doch Schwachstellen wo Sie es noch besser machen sollten?
Analysieren Sie zuerst die positiven Aspekte, die Sie auch in künftigen Verhandlungen einsetzen können, danach die negativen Aspekte, wo Sie es in ähnlichen Situationen besser machen können.
Den besten Eindruck und die besten Hinweise erhalten Sie zu der Einschätzung der Verhandlung, wenn Sie unmittelbar nach Abschluss einer Verhandlung den Kunden bitten, seine Meinung über den Ablauf des Verhandlungsgespräches kund zu tun. Hier erhalten Sie persönlich wichtige Hinweise und Tipps, gleich ob positiver oder negativer Art.
Beide Einschätzungen und Hinweise sind wichtig. Sind Sie positiv, dann werden Sie als guter Berater bestätigt so weiter zu machen, gibt es kritische Bemerkungen und Hinweise, dann sollten Sie diese ernst nehmen und in den kommenden Beratungen nicht die gleichen Fehler machen.
Sie sollten es zum Schluss nicht versäumen, dem Kunden für die gegebenen Hinweise und Einschätzungen zu danken, mit dem Versprechen, aus den Fehlern zu lernen und es künftig besser zu machen.

Fazit für Sie als Berater: Jeder Fehler hat seine Chance
– er darf nicht wiederholt werden.

Unter Einbeziehung der Einschätzung des Kunden und Ihrer eigenen Position zum Verhandlungsablauf, sollten Sie sich in aller Ruhe nochmals überlegen, was war richtig, was war falsch.

Stellen Sie sich folgende Fragen, Wie Sie es künftig genau so oder besser machen wollen!

- Was habe ich gut, was habe ich falsch gemacht, was hätte ich besser machen können?
- War meine Gesprächsvorbereitung ausreichend?
- Wer hatte die Initiative im Gespräch, der Kunde oder ich?
- War meine Rhetorik angepasst oder übertrieben?
- Wie war ich in meiner Begeisterung, Ausdruck und Motivation?
- Hat meine Rhetorik sowie Körperhaltung begeisternd auf den Kunden gewirkt?
- Wie war meine Körpersprache der Rhetorik angepasst?
- Wie war mein Erscheinungsbild?

- War meine Argumentation den Einwänden angepasst? Welches waren die entscheidenden Kaufwiderstände?
- War ich kompetent genug?
- Konnte ich dem Kunden die Vorteile des Produktes oder der Dienstleistung überzeugend darlegen?
- Welches war der entscheidende Faktor für einen Auftrag?
- Waren meine Darlegungen den Einwänden angepasst?
- War ich beweiskräftig genug?
- Habe ich ausreichend optische Hilfsmittel, wie Prospekte, Bilder, Kalkulationen, etc. eingesetzt?
- Ist das Verhandlungsgespräch in einer guten und überzeugenden Atmosphäre verlaufen?
- Was würde ich anders machen, wenn ich die Verhandlung noch einmal machen müsste?

2.2.3 Kundenservice in Verbindung mit dem Kundenauftrag

In Verbindung mit dem Kundenauftrag ist es wichtig für das Unternehmen, die Beziehung zum Kunden zu halten und zu pflegen.
Dazu sollte der Kundenservice in Verbindung mit dem Kauf des Produktes oder in Verbindung mit dem Dienstleistungsauftrag genutzt werden um den Kontakt zum Kunden zu halten. Dieses Image ist wichtig, um Kunden auch nach dem Auftrag die entsprechenden, vertraglich eingetragenen und zugesicherten Serviceleistungen in guter Qualität zu erfüllen.
Denn der Kundenservice nach dem Auftrag ist genauso wichtig wie der Kauf eines Produktes. Werden die Serviceleistungen zur Zufriedenheit erfüllt, hat der Kunde Interesse an weiteren Aufträgen bzw. gibt Empfehlungen an andere weiter.

Neben den betrieblichen Serviceleistungen ist die persönliche Kundenbetreuung ein weiteres Element der Verbindung zum Kunden.
Sie beginnt mit dem persönlichen Empfang des Kunden, setzt sich fort in der Kundenberatung- Kundenverhandlung bis zum Verkauf eines Produktes oder Auftragserteilung für eine Dienstleistung.
Nach dem Auftrag folgt die Weiterbetreuung im Rahmen von Serviceleistungen.

Serviceleistungen für Weiterbetreuung können sein:

- Bearbeitung von Anschluss- und Installationsarbeiten, Garantiebearbeitung
- Bearbeitung von Wartungsarbeiten
- Reklamationsbearbeitung und Warenumtausch
- Bearbeitung von Einkaufsfinanzierung (z.B. Kreditbearbeitung, Ratenkauf und Servicefinanzierung)
- Entgegennahme von weiteren Aufträgen
- Pflege weiterer Kontaktbeziehungen, z.B. über Sonderangebote, Firmenzeitschriften, Befragungen über Kundenzufriedenheit, Einladungen des Kunden bei bestimmten Jubiläumsverantaltungen, Betriebsaustellungen, Informationsveranstaltungen, etc.

Produkt- bzw. Dienstleistungsservice können sein:

- Durchführung von Anschluss- und Installationsarbeiten
- Durchführung von Garantie- Wartungs- und Reparaturarbeiten
- Durchführung von Reparaturarbeiten außerhalb der Garantiezeiten
- Möglichst kostenlose Abnahme und Verschrottung alter Geräte und Anlagen
- Bevorzugte Realisierung von Leistungen bei Ausfällen oder Havarien von Geräten und Anlagen
- Realisierung von Kulanzleistungen

Fazit: Alle Serviceleistungen, ob Kundenbetreuung, Produkt- oder Dienstleistungen, sollten kundenfreundlich, termingerecht und in hoher Qualität erfüllt werden. Wer so arbeitet, bindet Kunden und erhöht das Image des Unternehmens.

2.2.4 Bearbeitung von Reklamationen in Verbindung mit dem erworbenen Produkt oder mit der Erfüllung des Dienstleistungsauftrages

Reklamationen bedeuten soviel wie: Beanstandungen, Beschwerden, Klagen oder Einsprüche.
Jeder Kunde hat das Recht zu reklamieren. Reklamationen haben nicht nur negative Auswirkungen für den Kunden und das Unternehmen, sondern können auch einen positiven Effekt auslösen. Im Falle der Konfliktlösungsphase kann das Unternehmen unter Beweis stellen, ob es sich für den Kunden gelohnt hat diesem Unternehmen zu vertrauen. Geschieht das in beiderseitiger Einigung und in zügiger Bearbeitung, dann bleibt der Kunde dem Unternehmen treu, er ist begeistert und zufrieden und kommt wieder. Dadurch kann das Image des Unternehmens aufgewertet und das Selbstwertgefühl des Kundenberaters gestärkt werden.

Treten dagegen öfter Reklamationsfälle im Unternehmen auf, die dann noch schleppend bearbeitet werden oder mit Schuldzuweisungen verbunden sind, dann ist der Kunde verärgert, er wird es sich wohl genau überlegen ob er noch mal wieder kommt. In den meisten Fällen wird der Kunde dem Unternehmen nicht mehr zur Verfügung stehen. Liegt beim Kunden eine schuldhafte Nachweisführung vor, wird der Kunde es einsehen und verstehen. Auch hier sollte dem Kunden eine Kulanzlösung angeboten werden. Eine solche Kulanzlösung wirkt auf den Kunden sehr wohltuend und stärkt das Vertrauen zum Unternehmen in einem noch höheren Maße als bisher.

Fazit: Lieber Kulanzlösungen hinnehmen, als den Kunden für immer verlieren.

Welches sind die häufigsten Reklamationsgründe?

- Produktfehler, z.B. schlechte Be- und Verarbeitung des Produktes, Materialfehler, Funktionsfehler etc.
- Schlechte Dienstleistungserfüllung, z.B. Qualitätsmängel, Nichteinhaltung von Termin- und Preisvereinbarungen, Nichteinhaltung von Projektvereinbarungen, etc.
- Falsche Kaufentscheidung des Kunden
- Ungenügende und falsche Kundenberatung, z.B. unzutreffende Angaben über Produktqualität, Leistungsvermögen, Einsatzmöglichkeiten, Bedienung und Handhabung, etc.

Wie sollte man Reklamationen richtig behandeln?

Dazu folgende Regeln:

- Das Reklamationsgespräch außerhalb der Kundenzone wählen, wo ungestört das Problem besprochen werden kann und keine Neukunden abgeschreckt werden können.

- Das Gespräch mit einem freundlichen Blick eröffnen und ein Dankeschön für das Kommen sagen. Damit haben Sie schon das „Dampfablassen" beim Kunden minimiert.

- Fragen Sie den Kunden nach seinem Problem.

- Unterbrechen Sie den Kunden nicht, lassen Sie ihn aussprechen. Geben Sie ihm Gelegenheit seinem Ärger Luft zu machen. Er wird von selbst sich innerhalb kurzer Zeit abreagiert haben.

- Verständnis für das Problem haben und auch zeigen, wie z.B.
  • „Es tut mir leid",
  • „Ich kann Sie gut verstehen",
  • „Ich kann mich gut in Ihre Lage versetzen",
  • „Ausgerechnet bei Ihnen muss das passieren",
  • „Ich hätte bestimmt auch so gehandelt".
  Damit haben Sie einen weiteren Pluspunkt beim Kunden gesammelt.

- Machen Sie sich schriftliche Notizen, so merkt der Kunde, dass Sie ihn ernst nehmen. Er wird dann auch vorsichtiger in seinen Äußerungen, weil er sieht, dass seine manchmal übertriebenen Äußerungen festgehalten werden.

- Wiederholen Sie das Notierte und kommen Sie zur Lösung des Problems. Ist der Kunde mit der vorgeschlagenen Lösung einverstanden, dann bedanken Sie sich beim Kunden für die Problemlösung.

- Entschuldigen Sie sich zum Schluss noch mal beim Kunden, denn nichts wirkt versöhnlicher als das Wort „Entschuldigung".

Fazit: Auch Reklamationen haben etwas Positives, wenn Sie gelöst werden. Sie zeigen Fehler und Schwachstellen auf, bringen neue Lösungen, stärken das Image des Unternehmens und das des Kundenberaters und unterstützen die weitere Zufriedenheitsentwicklung der Kunden.

Wie sollte man sich **nicht** bei Reklamationsgespräche verhalten?

Wenn der Reklamationsbearbeiter

- den Kunden unterbricht, mit den Worten:
  - „Schreien Sie nicht so",
  - „Werden Sie doch sachlich",
  - „Kommen Sie doch zur Ruhe".

- wenn Reklamationen angezweifelt werden mit den Worten:
  - „Hatten wir noch nie gehabt",
  - „Haben Sie wohl selber Schuld für das Auftreten des Fehlers",
  - „Als Sie das Produkt von uns gekauft haben, war alles noch in Ordnung".

- wenn die Reklamation verharmlost wird mit den Worten:
  - „Es ist doch gar nicht so schlimm",
  - „Es gibt Schlimmeres",
  - „Es ist doch kein Problemfall".

- wenn man nach Ausreden sucht, mit den Worten:
  - „Sie sind doch von mir richtig beraten worden",
  - „Sie wollten doch das Produkt und nicht ich".

- wenn man die Schuld auf Dritte abwälzt, mit den Worten:
  - „Da hat der Hersteller Schuld",
  - „Dann sind Sie von meinem Kollegen nicht richtig beraten worden".

2.3 Management der Kundenberatung und Kundenzufriedenheit

2.3.1 Management der Kundenberatung als Gesamtanliegen des Unternehmens

Management der Kundenberatung ist nicht nur eine Angelegenheit des Kundenberaters, sondern ein vordringliches Anliegen und eine verantwortliche Aufgabe des gesamten Unternehmens. Es sollten alle Ebenen der Leitung und der anderen Mitarbeiter des Unternehmens in diesen Prozess einbezogen werden. Das betrifft nicht nur die internen Beziehungen im Unternehmen selbst, sondern gleichermaßen die externe Beziehung zum Kunden.
Das Funktionieren beider Beziehungselemente sollte dann in der gemeinsamen Strategie einer erfolgreichen Kundenberatung ihren Ausdruck finden.

Diese gemeinsame Strategie der Unternehmensleitung und dem Management der Kundenberatung ist ein wesentlicher Grundstein zur Verbesserung der Beratertätigkeit, die sich nicht zuletzt in einer verbesserten Kundenorientierung bzw. Kundenzufriedenheit auswirken kann.
Eine unabdingbare Voraussetzung zur Erreichung einer hohen Kundenzufriedenheit ist, neben einer guten Kundenberatung, die Erfüllung der vorherrschenden Erwartungen und Wünsche der Kunden, die insbesondere in der Qualität und im Preis für Produkt- und Dienstleistung liegen.
Um die Erwartungen und Wünsche der Kunden, neben einer guten Kundenberatung, auch die Meinung der Kunden über Qualität und Preis der Produkte oder Dienstleistungen näher zu erfahren, sollte nicht darauf verzichtet werden, in bestimmten Abständen solche Mitarbeiter zu befragen, die täglich mit den Kunden auf den Baustellen oder bei Dienstleistungsarbeiten in Kontakt kommen.
Gerade diese Mitarbeiter erfahren oft mehr über das Image des Unternehmens als der Kundenberater selbst. Gleichzeitig übernehmen diese Mitarbeiter auch die Funktion einer Kundenberatertätigkeit vor Ort, die in Beziehung mit der Auftragserfüllung für die Kunden stehen.
Durch diese Strategie lassen sich viele Anhaltspunkte, Optimierungsmaßnahmen und Konsequenzen für den Leitungsprozess, selbst auch für die Mitarbeiter insgesamt, aber auch speziell für den Kundenberater einschließlich Mitarbeiter des Servicebereiches, ableiten. Diese könnten dann einen wesentlichen Beitrag zur Verbesserung der Kundenorientierung und damit verbunden zur weitern Kundenzufriedenheit leisten.

Welche Beziehungen zwischen der Unternehmensleitung und dem Bereich der Kundenberatung sind von eminenter Bedeutung?

- Die volle Identifizierung der Unternehmensleitung mit Ziel und Aufgabe der Kundenberatung:
  Die Ziele sollten darin bestehen durch mehr Kundenorientierung eine höhere Zufriedenheitsquote zu erreichen. Parallel dazu ist die Mitarbeiterzufriedenheit gleichermaßen von Bedeutung und sollte als Gesamtanliegen von der Unternehmensleitung verstanden werden.

- Die Einbeziehung aller Mitarbeiter in das Anliegen der Kundenberatertätigkeit:
  Es sollte als Pflicht jedes Mitarbeiters angesehen werden, sich für die Kundenzufriedenheit verantwortlich zu fühlen.

- Die Schaffung eines Informationssystems, das über den Stand der Entwicklung der Kundenzufriedenheit und deren Probleme Auskunft geben kann, gleichzeitig auch Auskunft geben kann welchen Anteil (z.B. an der Umsatzbeteiligung, Neukundengewinnung etc.) der Kundenberater oder Arbeiter am Ergebnis der Kundenzufriedenheit hat.
  Ebenso wichtig ist es eine Auskunft über die Situation der Arbeitszufriedenheit aller Mitarbeiter zu erhalten. Denn unzufriedene Mitarbeiter sind „Begleiterscheinungen" für unzufriedene Kunden.

- Die Schaffung von materiellen und moralischen Anreizen für die Kundenberatertätigkeit, einschließlich für die daran beteiligten Bereiche, wie z.B. Servicebereich, Werbebereich etc..

Welche Kriterien sollten als Grundlage für die Anerkennung dienen?

- gute Kundenberatung in Wort und Tat.
- gute Serviceleistung, z.B. Lösungen von Reklamationsproblemen, Qualitätsarbeit bei Wartungs- und Reparaturarbeiten, etc.
- gute Ergebnisse bei Werbeaktionen, wie z.B. Kundengewinnung, Imagewerbung für das Unternehmen, etc.
- Anerkennung für den Erhalt des Kundenstammes, einschließlich Neukundengewinnung sowie Kundenrückgewinnung.
- erzielte Aufträge (Umsätze) je Berater.

2.3.2 Kundenberatermanagement

Beratermanagement ist die Gesamtheit von vielen Elementen bzw. Teilen. In der Anwendung der Komplexibilität werden sie wirksam und erfüllen ihre Zielstellung. Ihre wichtigste Zielstellung liegt dabei in der Kundenorientierung. Die Kundenorientierung als Verhalten eines Unternehmens bzw. Kundenberaters gegenüber einem Kunden ist der Gradmesser der Kundenzufriedenheit. Ist das Verhalten des Unternehmens oder des Kundenberaters speziell auf den Kunden gerichtet und auf die Steigerung der Kundenzufriedenheit, dann hat sie ihr Ziel erreicht.
Welche Faktoren beeinflussen das Beratermanagement?

Hier seien nur einige Faktoren willkürlich herausgegriffen, die das Beratermanagement widerspiegeln sollen:

- Das Image des Unternehmens wie z.b. Produktqualität, Nutzensqualität für den Kunden, Vertrauen, Zuverlässigkeit, Erscheinungsbild, Entgegenkommen z.B. bei Reklamationen etc.

- Das Image des Kundenberaters wie z.b. Ausstrahlungskraft, Sachkompetenz, Kompetenzvermögen, rhetorische Kenntnisse, positive Haltung, Einfühlungsvermögen, Verhandlungsgeschick, Bekanntheitsgrad, etc.

- Das enge Zusammenwirken in Fragen der Kundenorientierung einschließlich der Kundzufriedenheit zwischen der Unternehmensleitung und dem Kundenberater durch einen ständigen Informationsaustausch.

- Die Schaffung von Freiräumen für den Kundenberater im Hinblick auf die Eigenverantwortung, auf die Handlungsspielräume, auf die Selbstverwirklichung und auf die Selbstentfaltungsmöglichkeiten.

- Die Qualität der Kundenberatung, Kundenbetreuung und Servicebetreuung.

- Zeitfaktor (gibt es ausreichen Berater, haben diese ausreichend Zeit, …)

Eines der entscheidenden Faktoren des Beratermanagements ist das Verhandlungsmanagement, Berater – Kunde.
In diesem Teil des Managements wird im Konkreten vom Kunden entschieden, ob er ein Produkt kauft oder einen Auftrag für eine Dienstleistung auslöst, oder sich für ein „nein" entscheidet. Es hängt davon ab wie geschickt, begeistert, vertrauensvoll, sachkundig und souverän der Kundenberater die Verhandlung mit dem Kunden führt.

Wie erfolgreich Sie das Verhandlungsmanagement meistern können, wird ausführlich im **Punkt 2.2** behandelt.

2.3.3 Management der Kundenzufriedenheit

Wir haben bereits festgestellt, dass die Kundenzufriedenheit das Ergebnis eines Vergleiches zwischen den Erwartungen des Kunden und dem Leistungs- und Nutzensangebot des Unternehmens ist. Zu beachten ist, dass primär der Kunde entscheidet, wie zufrieden oder unzufrieden er mit dem Angebot des Unternehmens ist.
Es liegt im Interesse des Unternehmens, alle möglichen Potenzen zu nutzen und weiter auszubauen, um durch vielfältige Methoden und Strategien den Erwartungen und Wünschen des Kunden gerecht zu werden.
Dazu zählen, neben der gezielten Kundenorientierung, die Qualität der Produkte und Dienstleistungen, der Erfolg in der Kundenberatung, die Qualität der Serviceleistungen und nicht zuletzt auch die Qualität der Reklamationsabwicklung. Diese wechselseitigen Beziehungen und Anforderungen können nur in die Position der Kundenzufriedenheit gebracht werden, wenn der Kunde im Mittelpunkt des Unternehmens gestellt und somit als „König" betrachtet wird.

Welche Anforderungen ergeben sich für die Unternehmensleitung im Zusammenhang mit dem Kundenzufriedenheitsmanagement?

- Alle Leitungs-, Organisations- und Kontrollprozesse sind auf die Kundenzufriedenheit auszurichten und zwar unter dem Motto „ohne Kunden kein Absatz", „ohne Absatz kein Unternehmen"
- Einbeziehung aller Mitarbeiter in den Realisierungsprozess der Kundenzufriedenheit
- Schaffung von Motivationsmöglichkeiten für die Mitarbeiter, als Voraussetzung für motivierte Kunden. Denn hochmotivierte, begeisterte, sachkundige Mitarbeiter, die im Denken und Handeln das Unternehmen würdig vertreten, sind ein wichtiges Potential für die Kundenzufriedenheit.
- Kontinuierliche Durchführung von Kundenbefragungen zur Kundenzufriedenheit. Kundenbefragungen bringen dem Unternehmen einen doppelten Nutzen. Einerseits erfährt das Unternehmen, was die Kunden wünschen und wie zufrieden sie mit dem Angebot des Unternehmens sind, anderseits hält das Unternehmen engen Kontakt zum Kunden, gibt ihm das Gefühl für das Unternehmen wichtig zu sein und bereitet so den Weg für weitere Einkäufe bzw. Aufträge vor.
- Situationsangepasstes Reagieren mit Sonderangeboten, Kulanzangeboten, Werbeangeboten, Rabatten etc., als Mittel für eine erweiterte Kundenzufriedenheit und als Lockmittel zur Erweiterung des Kundenstammes.

Welche Merkmale sind ausschlaggebend für eine Kundenzufriedenheit?

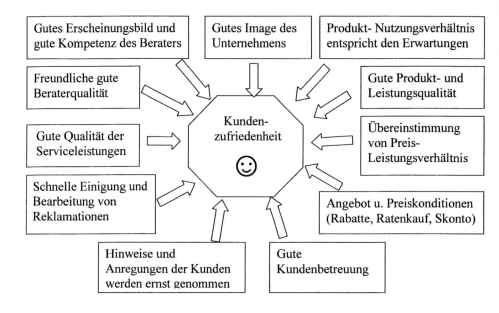

2.3.4 Management von Kundenunzufriedenheit

Je unzufriedener Kunden werden, desto wahrscheinlicher ist es, dass sie mündlich oder schriftlich ihre Unzufriedenheit zum Ausdruck bringen. Ist es nicht der Fall und das ist der größte Anteil der Kunden die ihre Unzufriedenheit gegenüber dem Unternehmen nicht äußern, wird eine negative Mund zu Mund-Propaganda in Bewegung gesetzt.

Jedes Unternehmen sollte deshalb bereits bei der Kundenberatung oder Verhandlung auf den Kunden Einfluss nehmen und darauf hinweisen, dass wir Wert auf Meinungen, Vorschläge und Hinweise legen und diese gründlich auswerten und Schlussfolgerungen zur Zufriedenheit der Kunden ableiten und lösen. Denn verloren gegangenen Kunden sind verloren gegangene Umsätze und sind durch Neukundengewinnung nicht zu ersetzen. Denn Neukundengewinnung verursacht weitaus höhere Kosten, z.B. für Werbung etc.(ca um das 10fache) als der Erhalt von Kunden.

Welche Faktoren nehmen Einfluss auf die Kundenunzufriedenheit?

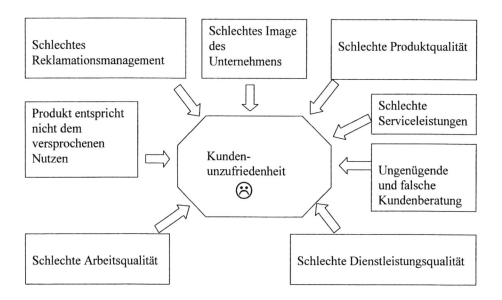

Wenn Kunden mit Produkten, Dienstleistungen oder dem Service etc. eines Unternehmens unzufrieden sind, dann gibt es für sie zwei Varianten. Entweder sie reklamieren oder sie lassen es und suchen sich ein anderes Unternehmen. In diesem Fall wird das ursprüngliche Unternehmen nie den Grund der Unzufriedenheit erfahren.
Kunden dagegen, die reklamieren, stehen im Kontakt mit dem Unternehmen und geben diesem die Chance, sie zufrieden zustellen. In den meisten Fällen wird eine Übereinstimmung erzielt, die dazu führt, dass der Kunde Kunde bleibt.
Wenn der Mitarbeiter des Unternehmens dem Kunden gegenüber offen, unvoreingenommen und begeistert zuhören kann und ihn noch kulant behandelt, wird der Kunde nicht nur zufrieden, sondern auch begeistert sein.

Fazit: Kundenunzufriedenheit ist nichts grundsätzlich negatives, wenn sie im Einvernehmen mit dem Kunden gelöst wurden. Sie kann aber negativ sein oder werden, wenn keine Einigung erzielt wurde. Im ersten Fall bleiben die Kunden dem Unternehmen treu, im zweiten Fall entfernen sie sich vom Unternehmen.

Erfahrungen besagen, dass nur ca. 5 – 8% der unzufriedenen Kunden die Reklamation in Anspruch nehmen. Der überwiegende Anteil der Kunden ist zwar verärgert und gekränkt, scheut aber die Strapazen der Reklamation und verlässt lieber das Unternehmen für immer.

Fazit: Ziel eines jeden Unternehmens sollte sein, möglichst alle Reklamationen so zu behandeln, dass es zu einer beiderseitigen (Unternehmer – Kunde) Einigung kommt, denn es ist weitaus besser, Kosten für eine Reklamation in Kauf zu nehmen und dafür den Kunden zu halten, als den Kunden zu verlieren, der dann noch durch negative Mund-zu-Mund Propaganda dem Unternehmen Schaden zufügt.
Dagegen erhalten Sie von einem Kunden, bei dem die Reklamation zur vollsten Zufriedenheit gelöst wurde, neben der Treue noch eine kostenlose Weiterempfehlung für Ihr Unternehmen.

Welchen Nutzen kann eine Kundenunzufriedenheit z.B. durch Reklamationen dem Unternehmen bringen?

Hier nur einige Nutzensaspekte bei Problemlösungen:

- Erhöhung der Verkaufschancen z.B., Kunden kaufen weiter und geben Empfehlungen an andere,
- Reklamationen geben Hinweise für das Unternehmen, wo und wie das Unternehmen Produkt oder Dienstleistung oder Serviceleistung weiter verbessern kann,
- Reklamationen können das Image des Unternehmens aufwerten, wenn sie sofort und problemlos gelöst werden,
- Reklamationen können auf die Zufriedenheit des Kunden kräftigend und kontaktvertiefend wirken,
- Reklamationen können dazu dienen das Vertrauen und die Glaubwürdigkeit zum Unternehmen weiter zu vertiefen.

Das Management der Kundenunzufriedenheit ist in erster Linie eine Angelegenheit der Unternehmensleitung.
Sie sollte gemeinsam mit den Mitarbeitern die Ursachen von Reklamationen exakt analysieren und auswerten. Dabei sollten Festlegungen für alle Mitarbeiter getroffen werden, wie in Zukunft mit Reklamationen umzugehen ist, wie Probleme zu behandeln sind und wie der Informationsaustausch über Reklamationen zu erfolgen hat.
Das Augenmerk sollte weniger auf dem fehlerhaften Verhalten in der Vergangenheit liegen, sondern vielmehr darauf gerichtet sein, wie man es in Zukunft besser machen sollte.
Es sollte auch herausgefunden werden, was an der Reklamation positiv ist, aber auch welche negativen Erscheinungen es dabei gibt.

Welche Folgen hat es für das Unternehmen, wenn Kunden die Reklamations- und Beschwerdemöglichkeit nicht in Anspruch nehmen?

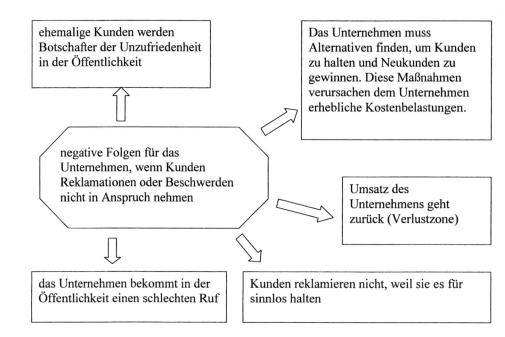

2.4 Befragungsmodell über Kundenzufriedenheit

Es liegt im Interesse des Unternehmens, alle möglichen Potenzen zu nutzen und weiter auszubauen, um durch vielfältige Methoden und Strategien die Erwartungen und Wünsche der Kunden zu erfüllen.
Eine der wichtigsten Methode und Strategie ist die Kundenbefragung.
Um die Meinung der Kunden über die Zufriedenheit zu erfahren, sollte in regelmäßigen Abständen eine Befragung von Seiten des Unternehmens durchgeführt werden. Diese Befragungen sind außerordentlich wichtig, weil sich daraus umfangreiche und detaillierte Aussagen ergeben, was die Kunden vom Image, vom Produkt, von der Serviceleistung, von der Reklamationsleistung und nicht zuletzt von der Kundenberatung halten. Sie geben dem Unternehmen wichtige Hinweise und Ansatzpunkte auf zwei Fragen:

1. In welcher Richtung ist er zufrieden?
2. In welcher Hinsicht ist er unzufrieden?

Für die Kundenbefragung haben sich in der Praxis folgende Formen bewährt:

1. Die schriftliche Befragung durch Verschicken von Fragebögen
2. Die mündliche Befragung vor Ort
3. Die telefonische Befragung

Die schriftliche Befragung ist eine der am meisten angewendeten Methode der Unternehmen. Mit ihr wird eine große Anzahl von Kunden erfasst, die Kunden haben mehr Zeit für die Beantwortung der Fragen und stehen ohne Einfluss durch Unternehmensmitarbeiter.

Um eine hohe Rücklaufquote zu erreichen, ist es unbedingt notwendig:

- für den Kunden nachvollziehbare Fragen kurz und präzise zu stellen
- die Anzahl der Fragen gering zu halten
- einen adressierten und frankierten Umschlag beizulegen
- eine Anleitung zum Ausfüllen des Fragebogens mit Skizze
- ein persönliches Anschreiben beilegen.

Die mündliche Befragung, die auch gerne von Unternehmen praktiziert wird, ist zwar zeitaufwendiger, hat aber den Vorteil, dass der beauftragte Mitarbeiter des Unternehmens (Kundenberater, Verkäufer, etc.) mit dem Kunden in direktem Kontakt steht und dadurch mehr Möglichkeiten eingeräumt werden, die Fragen gezielt auf den jeweiligen Kundentyp zu stellen. Außerdem kann durch Rückfragen eine bessere und präzisere Aussage, sowie Bewertung der Fragen durch den Kunden erreicht werden.

Die telefonische Befragung ist nur dann nützlich, wenn es um gezielte Fragen geht. In diesem Fall sollten aus Zeitgründen nur wenig ausgewählte kundenbezogene Fragen gestellt werden.

Weiterhin sind Befragungen über E-Mail und Fax-Anschluss zur schriftlichen Befragung möglich.

Das hier vorgestellte Befragungsmodell ist in erster Linie für eine schriftliche Befragung zugeschnitten.
Allerdings können auch diese Befragungsinhalte (Fragestellungen) für andere Befragungsformen genutzt werden.

Unter der Fragestellung an den Kunden: Wie zufrieden sind Sie mit unserem Unternehmen?, sollte die Bewertung der Fragen in folgende Skalen erfasst werden:

- sehr gut   (1)
- gut   (2)
- befriedigend   (3)
- ungenügend   (4)

Schwerpunke der Befragung sind folgende Hauptbereiche:

- Produkt- oder dienstleistungsbezogene Befragungen
- Kundenberaterbezogene Befragungen
- Serviceleistungsbezogene Befragungen
- Reklamationsbezogene Befragungen

Um eine erfolgreiche Befragung durchzuführen, ist es wichtig die Inhalte und die Methoden exakt zu definieren. Wichtig dabei ist einen aussagefähigen Fragebogen zu erarbeiten, der für Kunden gut verständlich ist und keine Alternativfragen zulässt. Es ist auch darauf zu achten, dass nicht Fragen gestellt werden die bedeutungslos sind oder die den Kunden persönlich nicht betreffen. Weiterhin ist von Bedeutung, dass neben den Skalen 1 – 4 eine zusätzliche Spalte in den Fragebogen etabliert wird, wo dem Kunden die Möglichkeit eingeräumt wird, eine kurze verbale Bewertung der einzelnen Fragen vorzunehmen bzw. er seine Vorschläge und Ideen einbringen kann.

Welche Fragen (Inhalte) und die dazugehörigen Bewertungsmaßstäbe sollte ein Fragebogen beinhalten?

2.4.1 Fragebogen zur produkt- oder dienstleistungsbezogenen Kundenzufriedenheit eines Unternehmens

Skale 1 (sehr gut)
Skale 2 (gut)
Skale 3 (befriedigend)
Skale 4 (ungenügend)
Kurze v.B. = Kurze verbale Bewertung der Einzelfragen

Fragen	Bewertung nach Skalen				
	1	2	3	4	kurze v.B.
1. Produkt- oder Dienstleistungsbezogene Fragen.	—	—	—	—	—
• Qualität des Produktes oder der Dienstleistung					
• Qualität der durchgeführten Arbeiten					
• Preis- Nutzensverhältnis					
• Qualität- Preisverhältnis					
• Preiskonditionen (Rabatte, Skonto, etc.)					
• Serviceleistungen					
• Austauschbarkeit von Teilen					
• Bedienungskomfort					
• Termineinhaltung bei Lieferung oder Installationsarbeiten					
• Materialgüte (Präzision, kein Verschleiß)					
• Qualitätsgarantien (Gütesiegel, Messergebnisse)					
• Sicherheitsgarantien					
• Umweltfreundlichkeit					

2.4.2 Fragebogen zu kundenberaterbezogenen Befragungen eines Unternehmens

Skale 1 (sehr gut)
Skale 2 (gut)
Skale 3 (befriedigend)
Skale 4 (ungenügend)
Kurze v.B. = Kurze verbale Bewertung der Einzelfragen

Fragen	Bewertung nach Skalen				
	1	2	3	4	kurze v.B.
2. Kundenberaterbezogene Befragungen	—	—	—	—	—
• Image des Beraters					
• Erscheinungsbild des Beraters (Ausstrahlung, begeisterungsfähig, kompetent, etc.)					
• Rhetorik des Beraters					
• Fachliche Kompetenz des Beraters					
• Vertrauen zum Berater					
• Flexibilität des Beraters					
• Verständliche Darstellung von Produkt und Dienstleistungen					
• Problemlösungsfähigkeit bei Produktangelegenheiten					
• Preisangelegenheiten					
• Ausstattung der Beraterräumlichkeit					
• Abgeschirmtheit der Beratung					
• Termineinhaltung des Beraters					

2.4.3 Fragebogen zu serviceleistungsbezogenen Fragen eines Unternehmens

Skale 1 (sehr gut)
Skale 2 (gut)
Skale 3 (befriedigend)
Skale 4 (ungenügend)
Kurze v.B. = Kurze verbale Bewertung der Einzelfragen

Fragen	Bewertung nach Skalen				
	1	2	3	4	kurze v.B.
3. Serviceleistungsbezogene Fragen	—	—	—	—	—
• Gestaltung des Empfangs					
• Kompetenz des Servicepersonals					
• Kulanz bei Serviceleistungen (z.B. Umtausch, Reklamationen, etc.) • Qualität der Garantieleistungen					
• Qualität des Wartungs- und Reparaturdienstes einschließlich Inspektion • Ersatzteildienst					
• Aufstelldienst z.B. bei Anlagen					
• Inbetriebnahme von Anlagen					
• Termineinhaltung					
• Flexibilität des Services z.B. Service rund um die Uhr • Parkmöglichkeiten					
• Kundenbetreuung nach dem Kauf eines Produktes oder nach Realisierung einer Dienstleistung • Kundenweiterbetreuung nach Ablauf der Garantieleistungen • Hotline-Service					

2.4.4 Fragebogen zur reklamationsbezogenen Befragung eines Unternehmens

Skale 1 (sehr gut)
Skale 2 (gut)
Skale 3 (befriedigend)
Skale 4 (ungenügend)
Kurze v.B. = Kurze verbale Bewertung der Einzelfragen

Fragen	Bewertung nach Skalen				
	1	2	3	4	kurze v.B.
4. Reklamationsbezogene Befragung	—	—	—	—	—
• Wie war der Empfang					
• Wie war die Abwicklung der Reklamation?					
• Kulanz bei der Reklamation					
• Wie bewerten Sie den Gesamteindruck der Reklamationsbearbeitung?					
• Wie bewerten Sie die Kundenzufriedenheit nach der Reklamation?					
• Erreichbarkeit der zuständigen Mitarbeiter					

2.4.5 Unternehmensbezogener Fragebogen zur Zufriedenheit der Kunden eines Baumarktes

    Skale 1 (sehr gut)
    Skale 2 (gut)
    Skale 3 (befriedigend)
    Skale 4 (ungenügend)
    Kurze v.B. = Kurze verbale Bewertung der Einzelfragen

Fragen	Bewertung nach Skalen				
	1	2	3	4	kurze v.B.
• Image des Baumarktes					
• Image des Servicepersonals					
• Empfang der Kunden					
• Kompetenz der Beratung (Berater/Verkäufer)					
• Auswahl an Angeboten					
• Qualität der Angebote					
• Verhältnis Qualität- Nutzen					
• Verhältnis Preis- Nutzen					
• Garantieleistungsqualität					
• Kulanz beim Umtausch					
• Vermietung von Werkzeugen und Geräten					
• Preiskonditionen (Rabatte, Sonderverkauf, etc.)					
• Öffnungszeiten					
• Parkmöglichkeiten					
• Warenzustellung					
• Wartungs- und Reparaturdienst					
• Zeitaufwand zum Finden eines Beraters					
• Anzahl der Berater ausreichend					

3. Analyse, Bilanz und Auswirkungen der Beratertätigkeit

3.1 Analyse und Bilanz der Beratertätigkeit

Bei der Analyse der Beratertätigkeit geht es insbesondere darum zu erfahren, mit welchem Erfolg der Berater seine Tätigkeit ausübt.
Es sollte im Interesse des Unternehmens liegen zu erfahren, wie und mit welchem Erfolg der Berater oder Verkäufer seiner Verantwortung gerecht wurde. Um dieses zu erfahren, bedient sich die Unternehmensleitung einer Analyse in Form von Befragungen. Damit erhält die Unternehmensleitung wichtige Hinweise und Ansätze für Lösungsmöglichkeiten zur weiteren Verbesserung der Kundenberatung und des Verkaufes im Sinne der weiteren Erhöhung der Qualität und des Niveaus der Kundenzufriedenheit, der Kundenbindung, der Stammkundenbetreuung und der Kundengewinnung.
Diese Befragungen sollten insbesondere dann durchgeführt werden, wenn verstärkt Reklamationen auftreten, wenn Kundenabwanderungen zu verzeichnen sind, wenn die Anzahl der Stammkunden zurückgeht und nur ein geringer Anteil an Neukunden hinzukommt.
Für die Analyse der Beratertätigkeit haben sich folgende Methoden in der Praxis bewährt:

1. Die Analyse und Einschätzung durch die Kunden
2. Die Analyse und Einschätzung durch die Unternehmensleitung
3. Die Analyse und Einschätzung durch die Mitarbeiter
4. Die Analyse durch Selbsteinschätzung des Kundenberaters

Jede dieser Methoden hat ihre eigene Spezifik:

Zu 1. Geht es um die Methode der Analyse und Einschätzung des Beraters durch die Kunden, dann ist die Qualität der Beratung und Verhandlung gemeint, die durch schriftliche Befragungen oder mündliche Befragung nach Ablauf eines Verhandlungsgespräches durchgeführt werden kann.

Zu 2. Geht es um die Analyse und Einschätzung des Beraters durch die Unternehmensleitung, dann wird in erster Linie gefragt, was hat die Beratertätigkeit für das Unternehmen gebracht (z.B. Neukundengewinnung, Gewinn, Kundenzufriedenheit, etc.)

Zu 3. Geht es um die Analyse und Einschätzung der Zusammenarbeit zwischen dem Kundenberater und den anderen Mitarbeitern, dann geht es um zwischenmenschliche Beziehungen, koordinierte Zusammenarbeit, um Informationsaustausche über die Kundenzufriedenheit und um andere Aspekte der organisatorischen Beziehungstätigkeiten, z.B. zwischen Berater und dem Kunden- Servicedienst sowie zu anderen Bereichen des Unternehmens.

Zu 4. Geht es um die Analyse und Selbsteinschätzung des Kundenberaters über seinen Erfolg und seine Schwachstellen im Verhalten, Handeln und im Ergebnis der Beratertätigkeit, dann ist der Kundenberater persönlich gefragt.
Zu dieser Einschätzung wurde im ersten Teil des **Punktes 2.2** ausführlich eingegangen.

Im Mittelpunkt aller Methoden der Befragungsmodelle ist und bleibt die Kundenzufriedenheit, als oberstes Ziel. Ohne Kundenzufriedenheit kann kein Unternehmen existieren. Kundenzufriedenheit entscheidet letztendlich über Kundenbegeisterung, über den Verbleib der Stammkunden und über den Gewinn von Neukunden.

Den entscheidenden Anteil der Verantwortung der Beratertätigkeit trägt der Kundenberater selbst. Seine Aufgabe und Verantwortung liegt, neben seiner Beratung des Kunden, in der Koordination des gesamten Prozesses der Beratertätigkeit mit allen Bereichen, so z.B. mit dem Servicebereich, Montagebereich, einschließlich der Abstimmung mit der Leitung des Unternehmens.
Nur durch ein Zusammenwirken aller Bereiche, einschließlich der Unternehmensleitung, kann das Ergebnis der Beratertätigkeit positiv beeinflusst werden.

Im Fall kleinerer Unternehmen, die keinen eigenverantwortlichen Kundenberater haben, übernehmen meist alle Mitarbeiter des Unternehmens, einschließlich deren Leiter oder Leitungsorgane, die Aufgabe der Kundenberatertätigkeit. Hier liegt die Verantwortung in den Händen des Leiters oder seines Stellvertreters.

Folgendes Modellbeispiel soll helfen, durch Befragung der Kunden und durch Selbsteinschätzung des Kundenberaters die Analyse, die Bilanz, und die Auswirkungen der Beratertätigkeit zu untersuchen.
Dabei liegt der Schwerpunkt der Untersuchung beim Kundenberater, der im Unternehmen die Hauptverantwortung für die Beratertätigkeit trägt. Das soll nicht heißen, dass die Arbeiter oder Angestellten nicht auch Verantwortung dafür tragen. Im Gegenteil sind auch sie mitverantwortlich für eine Gutfunktionierende Beratertätigkeit im Unternehmen.

Das hier angeführte Modellbeispiel, stützt sich auf Erfahrungen in der Praxis und ist auf aktuelle und problemorientierte Schwerpunkte gerichtet, Das Befragungsmodell ist methodisch logisch aufgebaut und einfach in der Auswertung.
Vorraussetzung, um etwas zu analysieren, zu bilanzieren und das Ergebnis darzustellen, ist die Befragung.

Die Befragung richtet sich in diesem Fall auf die Zusammenarbeit des Kundenberaters mit den Kunden.

Keiner kann die Tätigkeit, verbunden mit dem Verhalten und Handeln des Beraters, besser einschätzen als der Kunde selbst.

Folgende Möglichkeiten der Befragungen der Kunden sind möglich:

1. Die schriftliche Befragung zur Kundenberatung selbst oder in Verbindung mit der Befragung zur Kundenzufriedenheit.
2. Die mündliche oder schriftliche Befragung vor Ort nach dem Kundengespräch.

Die schriftliche Befragung könnte gemeinsam mit einer ausführlichen Befragung zur Kundenzufriedenheit durchgeführt werden, vgl. **Punkt 2.4** Befragungsmodell über Kundenzufriedenheit.

Die andere Möglichkeit wäre, dass man dem Kunden einen schriftlich vorbereiteten Fragebogen nach Abschluss einer Beratung oder Verhandlung vorlegt und er dann die Fragen beantwortet.
Allerdings müssen die Fragen kurz und präzise sein, damit der Kunde in die Lage versetzt wird, diese aus Zeitgründen schnell zu beantworten.

Eine dritte Möglichkeit wäre eine ausführliche Befragung speziell zum Problemkreis der Kundenberatung/Kundenverhandlung. Diese ist zwar zeitaufwändiger, aber vorteilhafter für eine exaktere und objektivere Aussage. Sie sollte nur dann vorgenommen werden, wenn die möglichen Ursachen der Kundenunzufriedenheit eindeutig der der Kundenberatung zugeordnet werden kann.

Eine vierte Möglichkeit wäre eine mündliche Befragung durch den Kundenberater nach Abschluss einer Beratung oder Verhandlung. Sie wird oft in der Praxis genutzt, weil sie sehr schnell zu einer Einschätzung führt, allerdings wird diese Art der Einschätzung subjektive Akzente beinhalten: „Man will ja den Kundenberater nicht schlecht machen oder beleidigen".
Deshalb sollte man den Kunden auffordern, uneingeschränkt und ohne Rücksicht auf den Kundenberater seine Einschätzung vorzunehmen. Man sollte deutlich machen, dass die Befragung dazu dient, künftig noch besser den Anforderungen des Kunden (Kundenzufriedenheit) gerecht zu werden.
Es liegt im Ermessen des Unternehmens, wo es den Schwerpunkt der Kundenbefragung legt und welchen Problemkreis es ansprechen möchte.

Als Beispiel soll ein Modell über die schriftliche und mündliche Befragung nach Ablauf der Kundenberatung und Kundenverhandlung vorgestellt werden.

Welche wichtigen Fragen an den Kunden sollte die Befragung enthalten?

Modell über eine mündliche oder schriftliche Befragung durch den Kundenberater vor Ort nach der Kundenberatung/Kundenverhandlung :

Bewertung der Fragen: Skala 1 = sehr gut, Skala 2 = gut, Skala 3 = befriedigend, Skala 4 = ungenügend, ø = kurze verbale Bewertung der Frage

Fragestellung	Bewertung der Fragen durch Kunden				
	1	2	3	4	ø
1. Wie war der erste Eindruck?					
2. Wie schätzen Sie allgemein den Verlauf der Beratung und Verhandlung ein?					
3. Wie war die Verhandlungsatmosphäre?					
4. Wie schätzen Sie mein Verhalten Ihnen gegenüber ein?					
5. Wie war das Vertrauensverhältnis?					
6. Wie war die Gesprächsführung meinerseits?					
7. Wie war meine Rhetorik?					
8. Wie schätzen Sie meine Kompetenz ein?					
9. Wie war meine Körpersprache (Körperhaltung, Gestik, Mimik)?					
10. Wie war mein äußerer Eindruck?					
11. Konnte ich Ihnen das Produkt-Nutzensverhältnis einschl. die Preis-Nutzensrelation sachkundig und überzeugend erläutern?					
12. Sind Sie mit dem Angebot zufrieden?					
13. Habe ich auf Ihre Einwände die richtige Lösung gefunden?					
14. Sind Sie mit dem zeitlichen Ablauf der Beratung/ Verhandlung zufrieden?					
15. Hatten Sie reichlich Zeit um Fragen zu stellen?					
16. Wie würden Sie die Gesprächsführung insgesamt einschätzen?					

17. Was sollte ich in Zukunft noch besser machen? Vorschläge notieren und in eine Reihenfolge bringen und nach Abschluss der Beratung bzw. Verhandlung auswerten und Schlussfolgerungen ableiten.				

Bei der mündlichen Befragung trägt der Kundenberater die Note in die jeweilige Skala ein.
Bei der schriftlichen Befragung trägt der Kunde selbst die Note in die entsprechenden Skalen ein und macht zu jeder Frage eine kurze verbale Einschätzung.

Für beide Modelle könnten dieselben Fragen (1–17) gestellt werden.

Jede dieser Fragen wird dann nur einmal mit einem X in der jeweiligen Zeile gekennzeichnet. Bei der Auswertung der Befragung wird der Durchschnitts- bzw. Mittelwert ermittelt, in dem die einzelnen Skalenwerte mit der Anzahl der Kundenbefragungen multipliziert werden und anschließend die Gesamtskalenwerte durch die Gesamtfragen dividiert werden.

Anmerkung: Die Frage 17 wird nicht in die Auswertung einbezogen.
Sie ist eine eigenständige Frage, die spezielle Hinweise und Tipps zur weiteren Verbesserung der Qualität und des Niveaus künftiger Gespräche mit dem Kunden geben soll. Diese sind vom Berater gründlich auszuwerten. Entsprechende Schlussfolgerungen sollten dann für die weitere Tätigkeit abgeleitet werden.

Angenommenes Beispiel: 16 gestellte Fragen werden von den 12 Kunden wie folgt bewertet:

52 Kundenbefragungen wurden mit dem Skalenwert 1 bewertet
133 Kundenbefragungen wurden mit dem Skalenwert 2 bewertet
7 Kundenbefragungen wurden mit dem Skalenwert 3 bewertet

Anschließend werden die Anzahl der Kundenbefragungen mit den Skalenwerten multipliziert.

Anzahl der Kundenbefragungen = 52 multipliziert mit den Skalen 1 = 52
Anzahl der Kundenbefragungen = 133 multipliziert mit den Skalen 2 = 266
Anzahl der Kundenbefragungen = 7 multipliziert mit den Skalen 3 = 21
Gesamtkundenbefragungen 192 Gesamtskalenwert 339

Danach werden die Gesamtskalawerte durch die gesamte Anzahl der Kundenbefragungen dividiert.

$$\frac{339}{192} = \underline{1,77}$$

Der Durchschnittswert beträgt 1,77 = ein guter Durchschnittswert

Möchte man den Ø Wert einer Fragestellung ermitteln, sind die Skalenwerte der befragten Kunden zu multiplizieren und durch die Anzahl der befragten Kunden zu dividieren.

Beispiel: Anzahl der befragten Kunden = 12

```
            Skala 1 =  4  Kunden   die Note 1  =  4
            Skala 2 =  6  Kunden   die Note 2  = 12
            Skala 3 =  2  Kunden   die Note 3  =  6
Gesamtkundenbefragung = 12,        Gesamtskalenwert = 22
```

Anschließend werden die Gesamtskalenwerte durch die Anzahl der befragten Kunden dividiert.

$$\frac{22 \text{ Ges.-Skalenwerte}}{12 \text{ Gesamtskundenbefragung}} = 1,83$$

Der Durchschnitts- bzw. Mittelwert beträgt: 1,83 = ein guter Durchschnittswert

Zwei konkrete Beispiele sollen zeigen, wie Kundenberatertätigkeit erfolgreich und weniger erfolgreich durchgeführt wurde.

Bei den zwei Beispielen handelt es sich um eine Unterstellung der Bewertung einzelner Skalenwerte, die aber durchaus in der Praxis relevant sind und auch für einige Unternehmen zutreffen.
Diese Aussage kann durch mehrere Umfragen und durch eigene Erfahrungen bestätigt werden.

1. Beispiel: Kundenberater eines Kfz- Unternehmens mit Autoverkauf,
Reparatur- und Servicedienst.
Die Befragung wurde mit Stammkunden durchgeführt.

Es handelt sich in diesem Beispiel um einen langjährig erfahrenen und kompetenten Kundenberater. Er verfügt über eine abgeschlossene Berufsausbildung als Kfz-Mechaniker. Er besitzt Menschenkenntnisse, ist methodisch und rhetorisch gut geschult und hat ausgezeichnete Kenntnisse und Erfahrungen in der Kfz-Branche. Er besitzt gute Charakter- und Persönlichkeitseigenschaften und ein gutes Image, welches auch mit dem Image des Unternehmens übereinstimmt.

Es wurden 36 Kunden in die Befragung einbezogen. Gegendstand der Befragung war der Autoverkauf. Die Befragung wurde vor Ort, nach dem Kundengespräch durchgeführt, auf der Grundlage des bereits dargestellten Beispielsmodells.

Folgendes Bewertungsergebnis wurde durch die 36 befragten Kunden ermittelt:

Fragestellung	Bewertung der Fragen durch Kunden				
	1	2	3	4	Kurze verbale Bewertung der Fragen
1. Wie war der erste Eindruck?	10	25	1	-	35 Kunden waren zufrieden bis sehr zufrieden 1 Kunde mit der Bewertung Note 3 – Berater machte einen hektischen Eindruck
2. Wie schätzen Sie allgemein den Verlauf der Beratung und Verhandlung ein?	9	25	2	-	34 Kunden waren zufrieden bis sehr zufrieden 2 Kunden wurden in der Verhandlung unterbrochen, danach Zeitdruck

3. Wie war die Verhandlungsatmosphäre?	25	9	2	-	34 Kunden gaben die Note gut – sehr gut 2 Kunden äußerten sich, sie war unangepasst, manchmal auch distanziert
4. Wie schätzen Sie mein Verhalten Ihnen gegenüber ein?	10	25	1	-	35 Kunden waren zufrieden bis sehr zufrieden 1 Kunde nannte das Verhalten unhöflich, übertrieben nett
5. Wie war das Vertrauensverhältnis?	8	28	-	-	36 befragten Kunden hatten gutes bis sehr gutes Vertrauen zum Berater
6. Wie war die Gesprächsführung meinerseits?	9	26	1	-	35 Kunden waren zufrieden bis sehr zufrieden 1 Kunde äußerte sich, er hatte wenig Freiraum für eigene Fragen
7. Wie war meine Rhetorik?	8	27	1	-	35 Kunden waren zufrieden bis sehr zufrieden 1 Kunde äußerte sich, die Rhetorik war Hochgeschraubt
8. Wie schätzen Sie meine Kompetenz ein?	7	29	-	-	36 Kunden, alle Kunden, bewerteten die Kompetenz des Beraters mit der Note gut bis sehr gut
9. Wie war meine Körpersprache (Körperhaltung, Gestik, Mimik)?	9	26	1	-	35 Kunden waren zufrieden bis sehr zufrieden 1 Kunde äußerte sich, die Rhetorik und Körpersprache waren nicht immer in Übereinstimmung

10. Wie war mein äußerlicher Eindruck?	8	28	-	-	36 Kunden bewertenden den äußerlichen Eindruck gut bis sehr gut
11. Konnte ich Ihnen das Produkt- Nutzensverhältnis einschl. die Preis- Nutzensrelation sachkundig und überzeugend erläutern ?	11	24	1	-	35 Kunden waren zufrieden bis sehr zufrieden 1 Kunde, ihm war der Preis-Nutzensrelation nicht überzeugend
12. Konnte ich Ihre Wünsche und Bedürfnisse erfüllen?	7	28	1	-	35 Kunden sagen gut bis sehr gut 1 Kunde äußert- nicht ganz erfüllt
13. Habe ich auf Ihre Einwände die richtige Lösung gefunden?	8	27	1		35 Kunden sagen gut bis sehr gut 1 Kunde sagte: Lösung nicht überzeugend
14. Sind Sie mit dem zeitlichen Ablauf der Beratung/ Verhandlung zufrieden?	10	25	1	-	35 Kunden waren zufrieden bis sehr zufrieden 1 Kunde musste auf die Beratung 15 Minuten warten
15. Hatten Sie reichlich Zeit um Fragen zu stellen?	8	25	3	-	33 Kunden waren zufrieden bis sehr zufrieden 3 Kunden hätten sich mehr Zeit für eigene Fragestellungen Gewünscht
16. Wie würden Sie die Gesprächsführung insgesamt einschätzen?	9	24	3	-	33 Kunden waren zufrieden bis sehr zufrieden 3 Kunden: wünschten mehr Zeit für eigene Fragen, Problemlösungen sollen überzeugender dargestellt werden.

17. Was sollte ich in Zukunft besser machen?	-	-	-	-	1. Mehr Zeit für Kundenfragen einräumen 2. Sich mehr der individuellen Kundentypen bedienen 3. Sich mehr der Kundensprache bedienen 4. Mehr Übereinstimmung von Rhetorik und Körpersprache 5. Mehr mit Modellen, Prospekten und anderen Vorzeigeobjekten arbeiten bzw. repräsentieren
Gesamtkundenbefragungen verteilt auf die Skalenwerte	156	401	19	-	

Auswertung der Befragung

Die 16 gestellten Fragen wurden von den 36 Kunden wie folgt bewertet:

156 Kundenbefragungen den Skalenwert 1
401 Kundenbefragungen den Skalenwert 2
19 Kundenbefragungen den Skalenwert 3

Die Anzahl der Kundenbefragungen werden mit den Skalenwerten multipliziert.

Anzahl der Kundenbefragungen = 156 multipliziert mit dem Skalenwert 1 =   156
Anzahl der Kundenbefragungen = 401 multipliziert mit dem Skalenwert 2 =   802
Anzahl der Kundenbefragungen =   19 multipliziert mit dem Skalenwert 3 =   57
Gesamt: Kundenbefragungen = 576   Gesamtskalenwert = 1.015

Anschließend werden die Gesamtskalenwerte durch die Gesamtanzahl der Kundenbefragungen dividiert.

$$\frac{1.015}{576} = 1{,}76$$

Der Durchschnitts- bzw. Mittelwert beträgt 1,76 = ein guter Durchschnittswert

Möchte man den Durchschnittswert einer Fragestellung ermitteln, dann sind die Skalenwerte der befragten Kunden zu multiplizieren und durch die Anzahl der befragten Kunden zu dividieren.

Beispiel Fragestellung 1

10 Kunden bewerten die Frage mit der Skala 1 multipliziert mit 1 = 10
25 Kunden bewerten die Frage mit der Skala 2 multipliziert mit 1 = 50
1 Kunde   bewertet die Frage mit der Skala 3 multipliziert mit 3 =   3
36 Gesamtanzahl der befragten Kunden   Gesamt-Skalenwert   63

$$\text{Ermittlung des Durchschnittswertes} = \frac{63}{36} = 1,76 \text{ ein guter Durchschnittswert}$$

2. Beispiel: Kundenberatertätigkeit mit integrierten Aufgaben als Verkäufer im Baumarktunternehmen

In den meisten Baumärkten hat der Kundenberater eine Doppelfunktion. Einerseits übt er die Tätigkeit eines Beraters aus andererseits auch die des Verkäufers. Es ist zwar für das Unternehmen von Vorteil, weil es dadurch einen Kundenberater einspart und die Beratung und der Verkauf in einer Person liiert ist, andererseits ist der Kunde benachteiligt, weil er oft auf Berater/Verkäufer stößt, die zum Einen wenig Zeit für eine Beratung haben und zum Anderen nicht immer die entsprechende Fachkompetenz besitzen und vor allen Dingen nur begrenzt in der Lage sind, mit Kunden richtig umzugehen.
Es fehlen neben der Sachkompetenz wichtige Menschenkenntnisse, methodische Verhandlungserfahrungen und rhetorische Kommunikationskenntnisse.
Dass diese Schwächen in vielen Baumärkten anzutreffen sind. Das zeigt auch das nachfolgende Beispiel.

Es wurden 28 Kunden mündlich befragt. Die Befragung wurde vor Ort nach dem Kauf der Ware durchgeführt. Die Befragung erfolgte nach dem bereits vorgestellten Modellbeispiel, wobei zu bemerken wäre, dass Befragungen und Auswertungen grundsätzlich den jeweiligen Voraussetzungen und Bedingungen eines Unternehmens angepasst sein müssen.

Folgendes Bewertungsergebnis wurde durch die 28 befragten Kunden ermittelt:

Bewertungsbeispiel der 28 befragten Kunden:

Fragestellung	Bewertung der Fragen durch Kunden				
	1	2	3	4	Kurze verbale Bewertung der Fragen
1. Wie war der erste Eindruck?	-	13	12	3	13 Kunden waren zufrieden 15 Kunden gaben die Note 3-4, Begründung: • zum Teil fehlende Ausstrahlung und Begeisterung • zum Teil lange Wartezeit • zum Teil hektischer Eindruck
2. Wie schätzen Sie allgemein den Verlauf der Beratung und Verhandlung ein?	-	12	12	4	12 Kunden waren zufrieden 16 Kunden gaben die Note 3-4, Begründung: • zum Teil Zeitmangel • zum Teil fehlende Überzeugungskompetenz • zum Teil schlechte Rhetorik und Menschenkenntnisse
3. Wie war die Verhandlungsatmosphäre?	-	12	10	6	12 Kunden waren zufrieden 16 Kunden gaben die Note 3-4 Begründung: • zum Teil verkrampft • zum Teil zuwenig Augenkontakt • zum Teil distanziert

4. Wie schätzen Sie mein Verhalten Ihnen gegenüber ein?	-	10	15	3	10 Kunden waren zufrieden 18 Kunden gaben die Note 3-4 Begründung: • zum Teil nicht angemessen • zum Teil hektisch • zum Teil unhöflich
5. Wie war das Vertrauensverhältnis?	-	10	14	4	10 Kunden waren zufrieden 18 Kunden gaben die Note 3-4 Begründung: • zum Teil Misstrauen • zum Teil fehlendes Vertrauen zum Berater/Verkäufer • zum Teil weinig Vertrauen zum Angebot
6. Wie war die Gesprächsführung meinerseits?	-	12	13	3	12 Kunden waren zufrieden 16 Kunden gaben die Note 3-4 Begründung: • zum Teil wenig Freiraum für eigene Fragen • zum Teil schlechte Verständigung • zum Teil unangepasste Begrüßung • zum Teil fehlte der rote Faden
7. Wie war meine Rhetorik?	-	9	12	7	9 Kunden waren zufrieden 19 Kunden gaben die Note 3-4 Begründung: • zum Teil nicht verständlich genug • zum Teil nicht angemessen • zum Teil wenig Übereinstimmung zwischen Rhetorik und Körperhaltung

8. Wie schätzen Sie meine Kompetenz ein?	-	12	14	2	12 Kunden waren zufrieden 16 Kunden gaben die Note 3-4 Begründung: • zum Teil fehlte Fachkompetenz • zum Teil Preis-Nutzensdarstellungen waren schlecht • zum Teil Erläuterung von Alternativprodukten wenig Sachkundig
9. Wie war meine Körpersprache (Körperhaltung, Gestik, Mimik)?	-	10	12	6	10 Kunden waren zufrieden 18 Kunden gaben die Note 3-4 Begründung: • zum Teil wenig Übereinstimmung Zwischen Körpersprache und Rhetorik • zum Teil war die Körperhaltung übertrieben • zum Teil hektische Ausstrahlung
10. Wie war mein äußere Eindruck?	-	10	13	5	10 Kunden waren zufrieden 18 Kunden gaben die Note 3-4 Begründung: • zum Teil weinig angemessene Kleidung • zum Teil Konzentrationsschwächen • zum Teil übertriebene Körperhaltung • zum Teil fehlende Fachkompetenz

11. Konnte ich Ihnen das Produkt- Nutzensverhältnis einschl. die Preis- Nutzensrelation sachkundig und überzeugend erläutern?	-	10	10	8	10 Kunden waren zufrieden 18 Kunden gaben die Note 3-4 Begründung: • zum Teil fehlen von betriebsw. Kenntnissen • zum Teil wenig überzeugend • zum Teil wenig Kenntnisse über Preis-Nutzen
12. Konnte ich Ihre Wünsche und Bedürfnisse erfüllen?	-	10	11	7	10 Kunden waren zufrieden 18 Kunden gaben die Note 3-4 Begründung: • zum Teil nach langer Verhandlung • zum Teil zweifelhafte Entscheidung • zum Teil Kaufüberlegung
13. Habe ich auf Ihre Einwände die richtige Lösung gefunden?	-	10	11	7	10 Kunden waren zufrieden 18 Kunden gaben die Note 3-4 Begründung: • zum Teil Lösungen gefunden • zum Teil wenig Alternativlösungen angeboten • zum Teil Einwände kritisch behandelt
14. Sind Sie mit dem zeitlichen Ablauf der Beratung/ Verhandlung zufrieden?	-	10	11	7	10 Kunden waren zufrieden 18 Kunden gaben die Note 3-4 Begründung: • zum Teil nutzlose Beratungsphasen • zum Teil Aufwand-Nutzen nicht gerechtfertigt • zum Teil fehlte der rote Faden

15. Hatten Sie auch reichlich Zeit um Fragen zu stellen?	-	10	12	6	10 Kunden waren zufrieden 18 Kunden gaben die Note 3-4 Begründung: • zum Teil wenig Zeit eingeräumt • zum Teil Fragen nicht zur Zufriedenheit beantwortet
16. Wie würden Sie die Gesprächsführung insgesamt einschätzen?	-	11	12	5	11 Kunden waren zufrieden 17 Kunden gaben die Note 3-4 Begründung: • zum Teil mehr Zeit für eigene Fragen • zum Teil besser auf individuelle Wünsche eingehen • zum Teil überzeugender Produkte darstellen • zum Teil mehr Begeisterung ausstrahlen • zum Teil mehr Kompetenz
17. Was sollte ich in Zukunft besser machen?	-	-	-	-	1. Sich besser dem Kundentyp anpassen 2. Mehr Zeit für Kundenfragen einräumen 3. Sich mehr Sachkompetenz aneignen 4. Rhetorik und Körpersprache besser beherrschen 5. Effektivere Beratungs- oder Verhandlungsführung 6. Kundenverständlicher sprechen 7. Mehr Begeisterung ausstrahlen 8. Mehr Alternativlösungen anbieten

				9. Wartezeit des Kunden reduzieren
				10. Auf Einwände eingehen und Lösungen anstreben

Gesamtkundenbefragungen   -   171   193   84   verteilt auf die Skalenwerte
<u>Auswertung der Befragung</u>

Die 16 gestellten Fragen wurden von den 28 Kunden wie folgt bewertet:

171 Kundenbefragungen den Skalenwert 1
193 Kundenbefragungen den Skalenwert 2
84 Kundenbefragungen den Skalenwert 3

Die Anzahl der Kundenbefragungen werden mit den Skalenwerten multipliziert

Anzahl der Kundenbefragungen = 171 multipliziert mit dem Skalenwert 2 =   342
Anzahl der Kundenbefragungen = 193 multipliziert mit dem Skalenwert 3 =   579
Anzahl der Kundenbefragungen = <u> 84</u> multipliziert mit dem Skalenwert 4 = <u> 336</u>
Gesamt: <u>Kundenbefragungen = 448</u>   Gesamtskalenwert = 1.257

Anschließend werden die Gesamtskalenwerte durch die Gesamtanzahl der Kundenbefragungen dividiert.

$$\frac{1.257}{448} = 2,8$$

Der Durchschnitts- bzw. Mittelwert beträgt 2,8 = <u>als befriedigend einzuschätzen.</u>

Vergleicht man die beiden Befragungsbeispiele miteinander, so kann man feststellen, dass die Qualität und das Niveau der Beratertätigkeit von dem Vermögen des Kundenberaters bzw. Verkäufers abhängen. Andererseits aber auch von der Schulung des jeweiligen Mitarbeiters.

Im ersten Beispiel wird demonstriert, dass die Kunden dem Berater weitaus bessere Noten gegeben haben, als im zweiten Beispiel.

Welches waren die Gründe für die bessere Benotung?

- langjährige Erfahrung im Umgang mit Kunden
- ein gutes branchenbezogenes Allgemein- und Fachwissen
- gute Kenntnisse und Erfahrungen über Preis- und Nutzensvergleiche
- guter Überblick über die Produkt- und Serviceangebote
- guter Überblick über Preisnachlässe, Rabatte und andere Konditionen
- positive Einstellung zum Beruf und zur täglichen Arbeit
- selbstsicher gegenüber dem Kunden im Auftreten und Handeln
- kontaktfreudig und tolerant gegenüber dem Kunden
- Ausstrahlung von Optimismus und Begeisterung
- stark ausgeprägte Eigenmotivation
- gute methodische und rhetorische Kenntnisse und Erfahrungen
- gute psychologische Menschenkenntnisse, bezogen auf Kundentyp, Charakter- und Verhaltenseigenschaften
- gutes Persönlichkeitsprofil

Welches waren die Gründe, warum der Berater/Verkäufer des Baumarktes schlechter bewertet wurde?

- Zeitmangel für Kundenberatung bzw. Gespräche, oft bleibt der Kunde auf der Strecke. (Der Kunde ist hilflos und verärgert).
- geringe Fähigkeiten und Erfahrungen im Umgang mit Kunden (Verhaltenseigenschaften)
- zum Teil fehlendes branchenbezogenes Allgemein- und Fachwissen (oft wird man von einem Verkäufer zum Anderen geschickt)
- positive Einstellung zum Beruf, zur täglichen Arbeit, zum Image des Unternehmens ist im Auftreten und Handeln oft nicht erkennbar
- Überblickwissen über Produkt- und Serviceangebot, über Preis-Nutzensvergleiche, Preiskondition ist zum Teil schwach ausgeprägt
- Ausstrahlung von Optimismus und Begeisterung zum Teil schwach entwickelt, oft launenhaft und hektikbezogen
- oft wenig Eigenmotivationen vorhanden
- unbefriedigende methodisch - rhetorische Erfahrungen und Kenntnisse, einschließlich psychologische Menschenkenntnisse in Beratung- und Verhandlungsgesprächen sind nachweisbar vorhanden
- Sicherheit im Auftreten, Ausstrahlung von Kompetenz, vertrauensbildende Körpersprache sind zum Teil noch unterentwickelt
- zum Teil fehlt es am ausgeprägten Persönlichkeitsprofil des Beraters/Verkäufers

Welche Schlussfolgerungen sollten von der Unternehmensleitung gezogen werden?

- Richtige Auswahl geeigneter Kundenberater/Verkäufer
- Durchführung von Schulungsmaßnahmen entsprechend den notwendigen Anforderungen:
  - in der Erweiterung des Fach- und Branchenwissens
  - in der Aneignung von Rhetorikwissen
  - im Erwerb von psychologischen Menschenkenntnissen z.b. im Verhalten und im Umgang mit Kunden
  - in der Aneignung eigener Verhaltenseigenschaften gegenüber Kunden
- bessere Motivierung der Mitarbeiter durch entsprechende moralische und materielle Anreize, wie z.b. Anerkennung, Mitverantwortung, Freiräume für Eigenverantwortung, etc.
- Durchführung von Mitarbeiterbefragungen nach Beispiel **Punkt 1.4** dieses Buches.

3.2 Ökonomische und psychologische Auswirkungen auf das Unternehmen

Grundsätzlich kann man davon ausgehen, dass der Kundenberater oder auch solche die direkt oder indirekt mit der Kundenberatung konfrontiert sind einen wesentlichen Beitrag zur Erfolgsbilanz des Unternehmens leisten. Umso erfolgreicher ist dann das Ergebnis, wenn die Beratung von einem begeisterten, hochmotivierten und kompetenten Kundenberater oder Mitarbeiter durchgeführt wird.
Diesen Beweis kann unter anderen auch das perfecta-Unternehmen
(siehe **Punkt 4** dieses Buches) antreten.

Auch die beiden Modellbeispiele im **Gliederpunkt 3.1** machen deutlich, welchen Einfluss der Kundenberater oder Verkäufer auf den Kunden ausüben kann. Verläuft die Beratung oder Verhandlung mit dem Kunden nach den Erwartungen und Vorstellungen des Kunden, ist der Kunde zufrieden und kaufbereit.
Tritt das Gegenteil ein, wie im Beispiel Baumarktunternehmen dargestellt, ist der Kunde nur zum Teil zufrieden oder in einigen Problembereichen (vergl. verbale Bewertung der Einzelfragen) sogar mit dem Beratungs- und Verkaufspersonal unzufrieden.
Wiederholen oder verschärfen sich solche Abläufe, dann kann es zum Verlust von Kunden kommen, die dann negative, psychologische und ökonomische Auswirkungen auf das Unternehmen haben. Das Unternehmen wird dann neben einer schlechten Mundpropaganda auch mit geringeren Umsätzen rechnen müssen.

Welche Auswirkungen kann eine begeisterte, hochmotivierte und kompetente Beratertätigkeit auf das Unternehmen haben?

Darstellung der psychologischen und ökonomischen Auswirkungen

Auswirkung einer begeisterten und kompetenten Beratertätigkeit

psychologische
Einflussfaktoren

- begeisterte und kompetente Beratung
- gutes Image des Beraters
- gutes bis hervorragendes Wissen und Können des Beraters
- gute psychologische Menschenkenntnisse
- gutes Persönlichkeits- und Leistungsprofil des Beraters
- gutes Koordinierungsvermögen des Beraters
- hohes Selbstmotivationsvermögen des Beraters
- gutes Organisationsvermögen des Beraters

ökonomische
Einflussfaktoren

- gutes Image des Unternehmens
- gute Strategien der Kundenorientierung
- erhöhte Anzahl an Kundenbindungen durch positive Mundpropaganda der Kunden
- Qualität der Kundenzufriedenheit angestiegen
- Zunahme der begeisterten Kunden durch überbotene oder zusätzliche Leistungen
- problemlose Reklamationslösungen
- hervorragende Kundennachbetreuung
- günstige Preis- Leistungs- und Qualitätsangebote
- Hervorragender Servicedienst

psychologische
Ergebnisfaktoren

- begeisterte und kompetente Beratertätigkeit stimuliert den Kunden
- steigendes Ansehen des Beraters bei den Kunden
- verbindliche Beratertätigkeit spricht sich rum
- Flexibilität des Beraters wirkt sich positiv auf die Kunden aus

ökonomische
Ergebnisfaktoren

- der positive Eindruck des Unternehmens in der Öffentlichkeit steigt
- die Kundennachfrage steigt
- die Kundenzufriedenheit nimmt zu
- geringe Preissteigerungen werden in Kauf genommen
- Wiederkauf und Zusatzkauf steigt an

- passendes Preis- Leistungs- und Qualitätsangebot wird vom Kunden als kompetente Lösung des Beraters Hervorgehoben
- Kunden sehen den Berater als eine motivierte, sachkundige, vertrauenserwirkende und kundenorientierte Persönlichkeit

- Weiterempfehlung an neue Kunden

Gesamtergebnis des Unternehmens

- Erhöhung des Um- und Absatzes
- höhere Gewinnerwartungen
- Erhöhung des Kapitalvermögens
- Erweiterung der Produktions- und Absatzkapazität
- Verringerung der Betriebskosten
  z.B. durch Werbung, Kundenberatung, Reklamationen, etc.
- Verringerung der Gesamtkosten des Unternehmens
  durch steigenden Umsatz
- steigender Umsatz durch Ansteigen der Nachfrage

4. Beispiel des Unternehmens perfecta über begeisterte und kompetente Kundenberatung / Kundenverhandlung und deren Auswirkungen auf das psychologische und ökonomische Ergebnis

4.1 Unternehmensdarstellung von der Entstehung bis zur Gegenwart

Die Firmengeschichte des Unternehmens perfecta-Fenster geht zurück bis in das Jahr 1930. Begonnen wurde damals mit dem Bau einer Möbelschreinerei, die unter dem Namen „Schreinerei Karl" geführt wurde und sich hauptsächlich mit der Herstellung von Kinobestuhlung beschäftigte.
Ab 1960 ging die Schreinerei dann über, Holzfenster zu fertigen.
Inzwischen verstarb der Senior-Chef und das Unternehmen wurde vom Sohn Franz Karl übernommen.
Da man sich hauptsächlich auf den Objekt-Bau konzentrierte, wurden zwar hohe Umsätze erreicht, die aber nur einen bescheidenen Gewinn abgeworfen haben. Es kam hinzu, wie beim Objekt-Bau üblich, dass die Zahlungen der Bauträger immer öfter verzögert wurden oder ganz ausblieben. Dadurch mussten oft ziemliche Einbußen hingenommen werden, sodass man sich Gedanken machte, ob dieser eingeschlagene Weg für die Zukunft noch der richtige sein kann.
Im Jahr 1973 hat Herr Karl dann Herrn Diller, den jetzigen Geschäftsführer für Kundenberatung-Service, kennen gelernt und es entwickelt sich eine dauerhafte Freundschaft, die allerdings auch den weiteren Firmenverlauf veränderte.
Herr Karl wurde von Herrn Diller immer wieder angestachelt, sich doch mit der Herstellung von Kunststofffenstern zu befassen. Er würde sich dann auch bereit erklären, das neue Produkt zu vermarkten. Gesagt, getan, eines Tages wurden die gesamten Holzfertigungsmaschinen verkauft und der ganze Betrieb in Westendorf bei Augsburg umgestellt für die Produktion von Kunststofffenstern. Wirklich eine mutige Entscheidung, nachdem der Kunststoff-Fensterbau noch ganz in den Anfängen gestanden hat. Zuerst musste man eruieren, welches Produkt überhaupt gefertigt werden sollte, nein, es musste PERFEKT (Kunststofffenster) sein. Und schon war der neue Firmenname geboren: perfecta-Fenster.
Dieses Qualitätsdenken war schon immer die Stärke des Herrn Karl und war auch der entscheidende Punkt, der auch heute noch streng eingehalten wird.

Zurück zu den Anfängen der Kunststoff-Fensterfertigung. Nach strenger Begutachtung der einzelnen Profilhersteller ging man dazu über, mit der italienischen Firma Pozzi zusammen zu arbeiten. Erstaunlicherweise hatte diese Firma zu diesem Zeitpunkt schon die absolut besten Kunststoff-Profile und war den hiesigen Herstellern an Qualität weit überlegen. Also einigte man sich darauf die Profile aus Italien für die Fertigung einzusetzen.

Alles schön und gut, aber nun mussten Aufträge her! Das ist leichter gesagt als getan. Nun war Herr Diller als echter Verkaufsprofi gefragt und er musste beweisen, ob er auch mit dieser Materie klar kam. Nachdem wir uns alle für das zu fertigende Produkt begeistert hatten, gingen wir es einfach an.
Sie müssen verstehen, liebe Leser, wie schwer dieses Vorhaben gewesen ist. Da wir ja im tiefsten Bayern ansässig sind und sich hier mehr oder weniger alles um Holzfenster drehte, war ein buchstäblicher Spießrutenlauf angesagt. Jedes Architekturbüro, den Herr Diller das neue Produkt vorstellte, lehnte Kunststofffenster kategorisch ab, da keiner der Herren das nötige Vertrauen in den Werkstoff Kunststoff hatte. Die Bauherren auf dem Lande, die Herr Diller aufsuchte, konnten nur durch härteste Verkaufsargumente zur Auftragserteilung überredet werden. Aber immerhin, die Häuslebauer auf dem Lande und das Engagement des jetzigen Geschäftsführers für Kundenberatung-Service lieferten die Grundlage für die ersten guten Ergebnisse, um die neue Fertigung einigermaßen auszulasten.
Mit großem Einsatz auf Messen (z.B. Handwerksmesse München, AfA Augsburg usw.) wurden die Kunden langsam immer zahlreicher, da das neue Produkt Vertrauen auslöste und der Firmeninhaber alles tat, um die Kunden prompt und zuverlässig zu bedienen. Die Mund-Propaganda der zufriedenen Kunden tat das ihre. Hier war schon zu erkennen, dass alles Erdenkliche getan wurde, um immer wieder den Qualitätsstandard zu verbessern.
In dieser Zeit wurde dann die entscheidende Idee geboren, ein Fensterprofil zu entwickeln, das sich montieren ließ, ohne den bekannten Dreck zu hinterlassen. Etwas Neuartiges, das sich zwar jeder Kunde wünschte, doch die Umsetzung war zu diesem Zeitpunkt noch mit Schwierigkeiten verbunden.
Wir mussten uns nun auch von dem Profilhersteller in Italien trennen, da leider alle Lieferungen von diesem Hersteller unpünktlich kamen, teils bedingt durch ständige Streiks, teils bedingt durch Unregelmäßigkeiten beim italienischen Hersteller, die sich in schlampiger Verarbeitung und verzögerter Fertigung zeigten. Diese Unregelmäßigkeiten konnten wir als qualitätsbewusster Betrieb nicht auf Dauer hinnehmen und so haben wir uns nach einem deutschen Profilhersteller umgesehen, der die Qualitätsrichtlinien nach den von uns vorgegebenen Standards einzuhalten in der Lage war.
Auch dieser Punkt wurde schließlich zu unserer Zufriedenheit erreicht, genauso wie die Profilgebung für das System „Fensterwechsel ohne Dreck".

Inzwischen wurden die Mitarbeiter im Verkauf immer zahlreicher und wir konnten jetzt schon mit ganz guten Verkaufszahlen aufwarten. Da wir auf jeder Messe in Bayern vertreten waren und das System „Fensterwechsel ohne Dreck" demonstrierten, wurden die Anfragen immer mehr und die Weiterempfehlungen von Kunden immer größer.

Selbstverständlich dauerte die „Lehrgeldphase" für diese neue Art des Fensterwechsels lange. Das beharrliche Arbeiten an der Qualitätsverbesserung und ständige Qualifizierungen aller Mitarbeiter, seien es die Monteure, Außendienstmitarbeiter oder Innendienstmitarbeiter ließen uns zu einer perfekten Truppe werden.

Herr Karl hat als Firmenchef jedem Mitarbeiter seine Vorstellungen von Kundennähe erläutert und immer wieder daran gearbeitet, um das Versprochene zu halten. Dies ist auch nach so vielen Jahren immer noch unser aller Ziel, „das Versprochene zu halten". Diese Einstellung hat sich zum langjährigen Erfolgsgeheimnis dieses Unternehmens gefestigt.

Es wird uns immer wieder von Kunden bestätigt, dass der gesamte Ablauf der Montage eine Aneinanderreihung von sinnvollen Aktivitäten im Verbund eines exzellent eingespielten Teams ist.

Durch einen Fragebogen, der Bestandteil jeder Rechnung ist, werden genau diese Punkte abgefragt, ob der Kunde mit allen Aktivitäten, die von perfekta ausgegangen sind, zufrieden war. Hier wird der Kunde mit einbezogen und das Urteil eines Kunden wird genau geprüft und dementsprechend bearbeitet.

Inzwischen hat sich die Firma perfekta über ganz Deutschland verbreitet. Wir haben in mehreren Städten so genannte Informations-Centren eingerichtet, wo sich der Interessent nach dem genauen Ablauf für Fensterwechsel ohne Dreck erkundigen kann. Es sind bereits 12 Kundenberater- und Servicecenter für diesen Zweck eingerichtet.

Ein Team von begeisterten Mitarbeitern, die immer freundlich und kompetent sind und die sich für die Wünsche der Kunden mit Hingabe und ausgeprägtem Fachwissen engagieren, ist jeweils vor Ort. Anhand von Videofilmen, die die Monteure bei der Arbeit zeigen, kann der Interessent vorab virtuell bei der Montage dabei sein.

Hauptsitz des Unternehmens

Das Unternehmen beschäftigt heute ca. 250 Mitarbeiter. Die Fertigungsprodukte wurden gemäß der Nachfrage ergänzt.
Die Firma perfekta bietet heute neben dem Hauptprodukt „Fensterwechsel ohne Dreck" auch Rollladen an, die ebenfalls an oberster Stelle stehen, was die Qualität anbelangt.
Ein eigenes Fachgebiet ist inzwischen der „Haustürwechsel ohne Dreck", sowie der „Innentürwechsel ohne Dreck". Ein wirklich ausgeklügeltes System und eine raffinierte Technik machen es möglich, Montagen ohne Beschädigung von Mauer, Tapeten und Fliesen durchzuführen.
Auch heute noch ist bei perfecta der Kunde König und es wird alles getan, um „das Versprochene zu halten".

Zwischenzeitlich wurde der Firma perfekta drei Mal die Auszeichnung des Bayerischen Staatspreises (1983, 1998 und 2004) verliehen. Diese Auszeichnung kann man nur mit einem Spitzenprodukt, welches mit Abstand besser ist als alle vergleichbaren Produkte, erlangen.

4.2 Wie wirkt sich eine begeisterte und kompetente Kundenberatung/Kundenverhandlung auf das Image des Unternehmens aus?

Ein gutes Image aufzubauen dauert lange und ist immer ein steiniger Weg. Nicht umsonst wird immer behauptet, dass der Aufstieg mühsam und langsam ist, aber der Fall geht besonders schnell. Deshalb ist es einfach unerlässlich, immer an der Image – Verbesserung zu arbeiten.
Image heißt zuerst einmal immer versuchen, dass Ihr Name bzw. der Firmenname bekannt wird. Wenn Sie es einmal geschafft haben, dass Sie draußen von einem Kunden zum anderen durch Mundpropaganda empfohlen werden, dann ist schon ein wesentlicher Schritt für die weitere Zukunft getan.
Um dieses zu erreichen, muss aber der gesamte Firmenablauf wie ein Uhrwerk funktionieren. Vorausgesetzt, Sie vertreten ein gutes Produkt oder Sie fertigen ein solches, das Sie auch selber voll überzeugt und Sie sich auch selber für Ihr Produkt begeistern können, dann geht erst der hauptsächliche Weg der Vermarktung los.
Um ein positives Vertrauen beim Kunden aufzubauen, gehört als erster Schritt das durch Sie vermittelte Erscheinungsbild Ihrer Firma.
Deshalb legen Sie besonderen Wert auf ein sauberes Erscheinungsbild Ihrer Person. Wenn Sie unrasiert erscheinen, mit fettigen Haaren, schmutzigen Fingernägeln oder noch mit einer Alkoholfahne, ungeputzten Schuhen oder mit zerzausten Arbeitsunterlagen, dann können Sie kein Image aufbauen. Im Gegenteil, Sie sind bereits dabei Ihr Image vorbildlich zu zerstören.
Stellen Sie sich doch einmal vor, Ihnen würde so etwas passieren. Wie würden Sie innerlich reagieren, wenn ein Vertreter Ihre kostbare Zeit in Anspruch nimmt und mit einem total ungepflegtem Äußeren, womöglich noch mit Mund- und Schweißgeruch Ihre Wohnung verpestet und Ihnen einen Artikel anbieten möchte, der Sie begeistern sollte. Glauben Sie mir, Sie wären genau wie jeder andere innerlich negativ und voller Abwehrstellung gegen solch eine Person eingestellt. Von wegen Weiterempfehlung im positiven Sinne ist überhaupt nicht denkbar, eher wird der Kunde in seinem Bekanntenkreis davon erzählen, wie unangenehm Sie ihm aufgefallen sind und dass Ihre Wohnung heute noch nach dem kalten Schweiß dieser unangenehmen Person riecht.
Gehen Sie bei einem Kundenbesuch einfach sorgfältig mit Ihrem Erscheinungsbild um und machen Sie sich einfach schon beim Aufstehen Gedanken, wie Sie sich ankleiden und wie Sie einen guten Eindruck hinterlassen werden. Aber was nützt es Ihnen, wenn Sie diese Verhaltensweise einhalten und auf der anderen Seite beim Kunden erscheinen, mit einem Gesichtsausdruck, der aussieht, als ob Sie gerade drei Zitronen gegessen hätten oder mit einer überheblichen Mine, die erkennen lässt, wie überlegen Sie Ihrem Gegenüber doch sind.

> Fazit: Denken Sie immer daran, egal wie der Kunde aussieht oder dessen Umgebung ist, behandeln Sie den Kunden als König. Wenn Ihnen der Kunde einen Auftrag erteilt und Sie Ihren Kunden einfach von Ihrem Produkt auf eine angenehme Weise überzeugt haben, dann ist es für Sie doch ein königliches Gefühl, diesen Erfolg genießen zu können. Ein Erfolgsgefühl wird Sie immer positiv begeistern und Ihre geistigen Kräfte festigen. Wenn man Ihnen aber schon anmerkt, mit welch einem Widerwillen Sie die Beratertätigkeit wahrnehmen und Sie doch viel lieber Ihren Hobbys nach gehen würden, was können Sie dann von einem Kunden erwarten?

Um ein gutes Image zu erlangen, sind diese aufgeführten Bedingungen notwendig und müssen immer wieder verbessert werden. Deshalb prüfen Sie sich nach jedem Kundengespräch selbst, indem Sie sich kurze Notizen machen.

Fragen Sie den Kunden, wie Sie auf ihn eingewirkt haben, fragen Sie sich danach selbst, was nach Ihrer Meinung zum Erfolg geführt hat oder was der Fehler war, warum Sie diesen Auftrag nicht bekommen haben. Ziehen Sie daraus Ihre Schlussfolgerungen, um Ihr eigenes Image und das Image Ihres Unternehmens zu verbessern. Denn aus Fehlern kann man lernen, um es dann noch besser zu machen. Beantworten Sie diese Selbstabfrage ehrlich und gewissenhaft, denn Sie werden sehen, wie oft Sie in Zukunft diese Aufzeichnungen wieder durchlesen werden und dadurch Fehlerquellen erkennen. Wenn Sie diese Empfehlungen befolgen, haben Sie bereits schon die ersten Schritte zu Ihrer persönlichen Imageverbesserung getan.

4.3 Wie werden die Mitarbeiter durch die Unternehmensleitung motiviert und begeistert?

Genauso wichtig wie die persönliche Begeisterung bzw. Begeisterung für das zu verkaufende Produkt, ist die motivierte Führung der Mitarbeiter. Es ist immer dasselbe, ist der Firmenchef nicht motiviert und kann er keine Begeisterung auf die Mitarbeiter übertragen, bleibt auch die Begeisterung der Mitarbeiter zurück. Auch kann man immer wieder beobachten, dass Führungskräfte in einer Firma zwar oft ausgezeichnete Fachkräfte sind, aber wenn es darum geht, Mitarbeiter zu begeistern, dann kommt einfach nichts rüber, was motivieren und begeistern könnte. Den größten Fehler begehen Führungskräfte oft dadurch, dass sie ihre Untergebenen mit Überheblichkeit bzw. mit Arroganz behandeln. Nach dem Motto, hier bin ich, dann kommt lange nichts, erst dann kommen die lästigen Mitarbeiter.
Diese Situation tritt besonders dann auf, wenn Angestellte plötzlich in eine gehobene Position gelangen und nun mehrere Mitarbeiter unter ihrer Führung stehen. Es ist so wie im normalen Leben auch, Sie müssen immer zuerst das Herz ihrer Mitarbeiter gewinnen, damit auch eine Begeisterung ausgelöst werden kann.

Liebe Chefs und Vorgesetzte, Sie verlangen von ihren Mitarbeiter höchsten Einsatz zum Wohle des Unternehmens. Aber dieser verlangte Einsatz kann nur auf Dauer gefördert werden, wenn gerade Sie in jeder Beziehung ein Vorbild sind. Sie brauchen keinen Schmusekurs fahren, um Ihre Mitarbeiter zu motivieren, sonder einfach nur paar goldene Regeln zu beachten, die Ihnen Ihre Führungsaufgaben enorm erleichtern werden.
Denken Sie immer daran, dass Sie mit Menschen arbeiten, die auch wie Menschen reagieren. Gerade weil Menschen besonders über Gefühle ansprechbar sind, müssen Sie sich diese Eigenschaft zunutze machen und auf diese Weise ihre Mitarbeiter ständig zu stimulieren.
Eines der wichtigsten Instrumente für die Mitarbeiterführung ist wieder einmal ein nettes, ehrliches Lächeln. Es fällt doch gar nicht schwer, wenn Sie täglich zu Ihren Mitarbeitern ein paar nette, ernst gemeinte Worte sagen. Es gibt so viele Kleinigkeiten, die man mit zwei, drei Sätzen ansprechen kann. Bevor Sie lospoltern, weil gerade mal wieder ein Fehler passiert ist oder etwas nicht so gelaufen ist, wie Sie es sich vorstellten, schalten Sie Ihren Verstand ein. Überlegen Sie einfach erst einmal die Worte, die Sie wählen werden, um Ihren Unmut los zu werden. Lospoltern und die Leute beschimpfen ist immer die einfachste Art, um sich abzureagieren.
Denken Sie daran, reagieren Sie immer anders, als es von Ihren Mitarbeitern erwartet wird. Selbstverständlich können Sie kein Lob aussprechen, wenn eine Sache durch einen Mitarbeiter versiebt wurde. Aber es gibt bestimmt positive Punkte, wo Ihr Mitarbeiter schon seinen guten Willen gezeigt hat und es nur noch an der Umsetzung fehlte. Sagen Sie doch Ihrem Mitarbeiter, was Sie für gut befinden, indem Sie erst einmal ein Lob aussprechen. Anschließend sagen Sie, aber ich kann es einfach nicht verstehen, weshalb Sie dies oder jenes so gemacht haben. Geben Sie jedem eine

Gelegenheit sich zu rechtfertigen und fragen Sie zwischendurch mit dem einfachen Wort „warum".

Warum haben sie das so gemacht oder meinen Sie nicht auch, dass es besser gewesen wäre, wenn Sie es so oder so gemacht hätten. Lassen Sie unbedingt bei der negativen Kritik eine Tür offen, um gerade hier noch eine positive Wendung Ihres Mitarbeiters zu erlangen.

Glauben Sie mir, es hat Sie zwar eine gewisse Selbstüberwindung gekostet, hier den ruhigen Vorgesetzten zu spielen, obwohl Sie innerlich vor Wut kochten, aber denken Sie mal zurück an die Zeit, wo Sie selbst noch Angestellter gewesen sind. Wären Sie nicht auch dankbar gewesen, wenn Ihr Chef mit Ihnen so argumentiert hätte und Ihnen dadurch die faire Möglichkeit gegeben hätte, aus dem gemachten Fehler noch das Beste zu machen und diesen Fehler für die Zukunft abzustellen.

Bestimmt kommen jetzt einige Erinnerungen, wo Sie froh gewesen wären, wenn es so abgelaufen wäre und Sie nicht als Trottel der Firma dagestanden hätten.

Umgekehrt wären Sie bestimmt besser motiviert gewesen, den Fehler abzustellen und hätten alles daran gelegt, Ihre positive Energie für den Chef weiter einzusetzen.

Das heißt nicht, dass Sie plötzlich alles für gut befinden sollen, was eigentlich schlecht ist. Nein, Sie haben nur an der Umsetzung Ihrer Wünsche gegenüber Ihren Mitarbeitern gearbeitet und haben mit geringem Aufwand Ihr Image gegenüber Ihren Mitarbeitern verbessert.

Fragen Sie auch mal Ihre Mitarbeiter nach deren Vorstellungen, wie ein Problem zu lösen wäre. Dabei sind schon tolle Ergebnisse erzielt worden, die keinen einzigen Euro gekostet haben und doch den Betriebsablauf verbessern konnten.

Auch Mitarbeiter, die ganz unten stehen, brauchen einmal ein gutes Wort vom Chef, sie werden es Ihnen danken, indem sie sich selbst positiv motivieren und begeistern.

Behandeln Sie einen Menschen als Mensch und sprechen Sie immer das Unterbewusstsein der Gefühle an. Sie ernten dafür Dank und Vertrauen und einen positiven Einsatz.

Auch wenn Ihre Arbeit schwer ist und Sie eigentlich keine Zeit haben für Motivationsgespräche, versuchen Sie einfach täglich, mit jedem Mitarbeiter, der Ihnen über den Weg läuft, ein paar nette unverbindliche Worte zu wechseln. Geben Sie jedem das Gefühl, dass er für Sie wichtig ist und sagen Sie Ihren Mitarbeitern auch einmal, dass Sie froh sind, dass sie in Ihrer Firma arbeiten.

Wenn Sie so etwas sagen, schauen Sie Ihren Mitarbeitern dabei in die Augen, damit sie merken, dass Sie auch meinen was Sie sagen.

<u>Fazit:</u> Wenn Sie es so angehen, begeistern Sie Ihre Mitarbeiter und diese werden Freude an der Arbeit haben, weil sie Anerkennung erhalten. Ein chinesisches Sprichwort heißt „ <u>Wenn Du mich anlächelst, traue ich mich auch, zurück zu lächeln</u>". Einfach und toll, beginnen Sie noch heute mit dieser Einstellung! Versuchen Sie Herzen zu öffnen, indem Sie den ersten Schritt unternehmen und gehen Sie auf Ihre Mitarbeiter zu. Lächeln Sie zuerst. Versuchen Sie Spannungen und Aggressionen abzubauen, indem Sie lächeln. Sie werden sehen, es wirkt.

4.4 Wie das Unternehmen die Begeisterung und Kompetenz im Mittelpunkt der Kundenberatung/Kundenverhandlung stellt!

Es ist wirklich ein hervorragendes Gefühl, wenn sie erlernt haben, Begeisterung weiter zu geben. Allerdings müssen Sie am Anfang der Begeisterungstheorie hart und eisern an sich arbeiten. Jedoch lohnt sich der Einsatz, denn nach kurzer Zeit ändert sich eigentlich Ihr Leben und dies im geschäftlichen sowie im privaten Bereich.

So möchten wir Sie nun einführen in die Welt des Erfolges, deren Grundlage immer wieder Begeisterung ist. Wir möchten Sie mit unserer Begeisterung buchstäblich anstecken und Ihnen einen ganzen Korb voller guter Motivationen präsentieren.

Aber halt, wir befinden uns doch erst im Anfangsstadium und es ist noch ein weiter Weg bis zur Meisterschaft!

Nehmen Sie sich doch mal ein bisschen Zeit und betrachten Sie Ihre Mitmenschen. Es wird Ihnen schnell auffallen, dass die meisten Menschen ihre Sorgen auf dem Rücken tragen und dass ihre Gesichtszüge oft alles andere als freundlich sind. Das können Sie am besten in ihrer eigenen Familie testen. Jeder versucht zuerst einmal seinen eigenen Kummer vor dem anderen zu verbergen und seinen eingefahrenen Trott weiter zu führen. Aggressionen bauen sich auf und werden sich meistens durch eine weitere hinzukommende Kleinigkeit entladen.
Ob in der eigenen Familie oder beim Kunden, ständig haben Sie mit solchen Menschen zu tun, und das Traurige ist, man lässt sich schnell von Negativgefühlen anstecken.
Wie zufrieden sind Sie, wenn Ihr Gesprächspartner auf Sie positiv wirkt? Schon bekommen Sie mehr Zutrauen in Ihre eigene Person und wie schnell werden auch Sie unbewusst positive Gesten und Körperbewegungen weitergegeben und damit automatisch eine positive Haltung Ihrem Gegenüber einnehmen. Sie sehen schon, das Wort „positiv" ist immer mit einer bestimmten Leichtigkeit verbunden und macht einfach alles angenehmer, als immer gegen negativ eingestellte Menschen vorzugehen.

Wir Menschen sind in unserem Inneren immer äußerst sensibel und brauchen wie ein Auto regelmäßig eine Wartung, in diesem Fall für unser Seelenleben. Da wir aber nicht in eine Werkstatt gehen können, um uns warten zu lassen, müssen wir uns selbst helfen, indem wir unseren Denkapparat einsetzen und versuchen, unsere Gedanken positiv zu steuern und unseren Körper zu benutzen, um eine positive Ausstrahlung zu übermitteln.

Jetzt haben Sie schon eine ganze Menge von Begriffen gehört, ohne etwas Vernünftiges damit anfangen zu können. Sie haben gehört von Begriffen wie „positiv", „negativ", von Körpersprache und von Begeisterung.

Was Sie jetzt beruflich erfahren werden, gilt natürlich auch im privaten Bereich. Diese Lebensformeln einmal angewendet, öffnen Ihnen Tür und Tor und werden Ihr ganzes Leben positiv verändern. Leben Sie ab sofort begeistert und Sie gehören garantiert zu den Gewinnern des Lebens und der Erfolge.

Fangen wir mit den leichtesten Dingen an!
Wenn Sie morgens aufstehen und beim Frühstück sitzen, vertiefen Sie sich nicht in Ihre Zeitung und bleiben ein Morgenmuffel, wie man so schön sagt. Schenken Sie Ihrem Gegenüber, z.B. Ihrer Frau, einfach mal ein ehrliches Lächeln. Das gilt natürlich auch, wenn Sie einen Kunden empfangen oder zum Kunden fahren. Sagen Sie dem Kunden nicht wie gewohnt ein flüchtiges „Guten Morgen". Probieren Sie es mal mit einem deutlichen, freundlichen „Guten Morgengruß" und lächeln Sie einfach dabei. Eine Kleinigkeit für Sie, wie Sie schnell feststellen werden. Aber vergessen Sie nicht, die Kunden, die Sie so begrüßen, auch anzuschauen. Leider vergessen viele Leute, wenn sie mit jemandem sprechen, den Blickkontakt. Probieren Sie es bei Ihrer Familie gleich morgen früh aus! Was diese Geste noch als Nebenerscheinung mit sich bringt ist, dass Sie noch ein paar nette Worte beiläufig sagen können und dieses Ihnen überhaupt nicht schwer fällt, da Sie ja bereits lächeln und automatisch beim Lächeln eine freundliche Miene zeigen und so eine positive Bereitschaft signalisieren.

Ganz wichtig ist auch der erste Eindruck, den Sie bei Ihren Kunden hinterlassen, dies ist einer der wichtigsten Faktoren, um ein Gespräch positiv zu beginnen. Es ist so leicht und bringt so viel. Gewöhnen Sie sich unbedingt an, wenn Sie bei einem Kunden vor der Haustür stehen und geläutet haben, dass Sie ein paar Schritte zurückgehen, damit der Kunde nicht schon von vornherein in eine Abwehrposition gehen muss. Stellen Sie sich mit einem freundlichen Lächeln vor und erläutern Sie dem Kunden Ihr Anliegen.

Wurden Sie vom Kunden bestellt, dann ist es eine Vorraussetzung, pünktlich beim Kunden zu erscheinen. Sollten Sie wirklich zu spät kommen, dann dürfte es für Sie kein Problem sein, den Kunden übers Handy zu informieren, auch wenn es sich bei der Verspätung nur um wenige Minuten handelt. Sagen Sie Ihren Kunden, nach dem er Sie empfangen hat, unbedingt ein paar nette Höflichkeiten, z.B. bedanken Sie sich beim Kunden, dass der Termin so schön geklappt hat oder fragen Sie, ob Sie Ihre Schuhe ausziehen sollten, was Sie natürlich auch tun sollten, wenn der Kunde es wirklich möchte. Aber auch wenn Sie sich darüber ärgern, bleiben Sie freundlich und auch hier gilt die Devise lächeln Sie dabei. Dadurch lernen Sie sofort zu verstehen, was für einen Menschen Sie vor sich haben.

Natürlich lächeln Sie auch, wenn Sie den Lebenspartner Ihres Kunden begrüßen. Dasselbe gilt für weitere Familienmitglieder, die anwesend sind, auch für einen Hund, sofern er Sie noch nicht gebissen hat, gilt es zu begrüßen, da es sich meistens um Familienlieblinge handelt. Lächeln Sie auch bei der Hundebegrüßung und finden Sie auch über den Hund ein paar nette Worte. Sie werden sehen, die Atmosphäre bleibt locker und beginnt sich zu entspannen.

Sie dürfen auch ohne weiters den guten Geschmack Ihres Kunden loben, indem sie ein paar schöne Einrichtungsgegenstände hervorheben oder über die schöne Wohnlage sprechen. Aber Vorsicht, wenn Sie etwas loben, so muss es einfach ehrlich sein.
Wenn Sie zur Übertreibung neigen, kann das schnell ins Negative umschlagen und der Kunde ist innerlich verärgert. Versuchen Sie alle Fragen die Sie stellen, in den positiven Bereich zu bringen.

Jetzt beginnen Sie mit Ihrer Produktvorstellung.
Da Sie ja die Vorteile Ihres Produktes bestens kennen, erklären Sie die Vorteile mit steigender Begeisterung. Achten Sie jetzt ganz genau auf die Wirkung Ihrer Rhetorik, schauen Sie den Kunden an, wenn Sie von den Vorteilen Ihres Produktes sprechen und verändern Sie Ihre Stimmlage mal etwas leiser, mal etwas lauter und legen Sie Sprechpausen ein, um eine Spannung zu erzeugen. Ihre Begeisterung wächst auch mit dem Ausdruck Ihrer Stimme, wobei Sie natürlich nicht schreien werden, sondern die Spannung muss buchstäblich knistern. Stellen Sie zwischendurch Fragen an den Kunden, vergessen Sie nie, den Kunden mitarbeiten zu lassen und hören Sie einfach mal mit Reden auf und bringen einfach wieder Ihr Lächeln zum Vorschein.
Da jedes Produkt neben den Vorteilen auch Nachteile besitzt, sagen Sie es Ihrem Kunden.
Die große Kunst ist es aber, Nachteile so darzustellen, dass sie sekundär wirken und das der Kunde damit leben kann. Je besser Sie Ihren Kunden beraten, desto mehr baut der Kunde das Vertrauen in Sie auf.
Um Ihre positive Einstellung mit der Körpersprache zu demonstrieren, hier ein paar Beispiele, die Sie anregen sollten.
Geben Sie Ihrem Kunden immer Ihr Produkt in die Hand und lassen Sie ihn die Qualität prüfen. Machen Sie Handbewegungen, die zum Körper gehen und nicht vom Körper weg. Je nachdem, welches Produkt Sie dem Kunden anbieten, - bei uns sind es Fenster und da scheue ich mich als Berater auch nicht, beim Vorstellen des Fensters in die Knie zu gehen, um den Kunden auf die Merkmale aufmerksam zu machen. Ich habe noch nie erlebt, wenn ich auf den Knien war, um die Besonderheiten meines Fensters zu zeigen, dass der Kunde nicht auch auf die Knie gegangen ist, um sich diese Besonderheiten meines Fensters zeigen zu lassen. Ein tolles Gefühl, wenn Ihr Kunde mit Ihnen gemeinsam am Boden kniet, um die Vorteile zu begutachten. Was meinen Sie, wie Sie in dieser Stellung den Augenkontakt pflegen können und wenn dazu noch Ihre Stimme rhetorisch gut angepasst ist und dann die positiven Fragesätze kommen, wie z.B. „Sind Sie nicht auch der Meinung,…, könnten sie sich, Herr …, solch ein Fenster in Ihrem Haus vorstellen,…, Sie legen doch auch Wert auf Sicherheit und Qualität,…, usw.
Jetzt komme ich vor lauter Begeisterung schon zum Abschlussgespräch, das ich aber doch erst später behandeln wollte, weil ich ja momentan an der positiven Begeisterung arbeite.

Wenn sie diesen Weg der Begeisterung in Zukunft mitgehen möchten, dann beachten Sie nochmals die entscheidenden Faktoren:

- Gehen Sie aufrecht, lassen Sie die Schultern nicht hängen, gehen Sie mit erhobenen Kopf und einem Lächeln auf Ihre Kunden oder Mitmenschen zu.
- Versuchen Sie, sich zu begeistern und begeistern Sie Ihre Kunden durch Kontrolle Ihrer Rhetorik.
- Schauen Sie Ihren Kunden oder Mitmenschen in die Augen.
- Werden Sie ein guter Zuhörer und sprechen Sie erst, wenn der andere ausgeredet hat.
- Wenn Ihnen jemand etwas erzählt, geben Sie durch Gestik und Mienenspiel zum Ausdruck, dass Sie mitfühlen und durchaus interessiert an den Ausführungen sind.
- Neigen Sie nie zur Übertreibung, sondern gestalten Sie Lobgespräche ehrlich und aufrichtig.

Sie werden sehen, wenn Sie diese Hinweise befolgen, macht Ihnen Ihre Arbeit doppelten Spaß. Nehmen Sie sich vor, noch besser zu werden, noch überzeugender die Begeisterung auf Ihre Kunden und Mitmenschen zu übertragen. Üben Sie im Familienkreis und am Arbeitsplatz Ihre Erkenntnis, ab sofort ein positiver, begeisterter Mensch zu sein.

Vergessen Sie nie, Sprechpausen einzulegen und diese mit einem Lächeln zu überbrücken. Schön wäre es, wenn Sie Ihren Mitmenschen immer wieder ein paar nette, aufrichtig gemeinte Worte sagen würden, dies öffnet Ihnen nicht nur Herzen, sondern es gehen Tore auf. Wenn Sie nur überlegen, so gibt es bei jedem Menschen ein paar Dinge, die Ihnen gefallen, loben Sie diese und meinen Sie es einfach ernst. Wenn Sie so handeln, gibt es einen Ruck und Sie werden es spüren, wie dieser neue Lebensstil Menschen bzw. Kunden begeistert.

Der hier dargelegte Ablauf einer Kundenberatung / Kundenverhandlung ist nur ein ausgewähltes und kurz dargestelltes Beispiel. Ansonsten sind die Ablaufprozesse und Verhandlungsstrategien die gleichen, wie sie im **Gliederungspunkt 2.2** dieses Buches dargestellt werden.

Auch die psychologischen und fachlichen Anforderungen, die wir an die Kundenberater und Monteure stellen, stimmen mit den Anforderungen, wie sie im **Punkt 2.1** dieses Buches fixiert sind, überein.

4.5 Befragungen über Kundenzufriedenheit

Es liegt im Interesse unseres Unternehmens alles zu tun, um die Erwartungen und Wünsche unserer Kunden zu erfüllen.
Eine der wichtigsten Strategien ist die schriftliche Kundenbefragung, die wir unmittelbar nach Rechnungslegung durchführen.
Etwa 2-3 Wochen nach Rechnungslegung wird dem Kunden ein Fragebogen zugeschickt, den er dann mit der entsprechenden Einschätzung / Bewertung an uns zurückschickt.
Der Fragebogen enthält 6 wichtige Schwerpunkte, die für unser Unternehmen von außerordentlicher Bedeutung sind. Es handelt sich um folgende:

1. Wie war die Verkaufsberatung?
2. Wie war die Einhaltung vereinbarter Termine: - für Verkauf?
   - für Aufmaß?
   - für Montage?
3. Wie war die Kompetenz der Aufmaßtechniker?
4. Wie war die Qualität der Fenstermontage
5. Wie verlief die Übergabe und Einweisung im Anschluss an die Montage?
6. Haben wir unser Versprechen „Fensterwechsel ohne Dreck" eingehalten?

Den Kunden wurde in diesem Fragebogen die Möglichkeit eingeräumt, die Bewertung der einzelnen Fragen in die jeweilige Skala mit X zu kennzeichnen.
Zum Beispiel:
        Skala   sehr gut bis begeistert
        Skala   gut
        Skala   zufrieden
        Skala   schlecht

Außerdem kann jeder der befragten Kunden noch eine verbale Bewertung bzw. Einschätzung vornehmen.

Hier ist ein Muster eines Fragebogens, der von einem Kunden bewertet wurde einschließlich der verbalen Einschätzung.

Perfecta Fenster
Qualitätssicherung
Hauptstraße 3

86707 Westendorf

Ihre Auftragsnummer	sehr gut	gut	zu-frieden	schlecht
Verkaufsberatung	☐	☐	☐	☐
Termineinhaltung — Verkauf	☐	☐	☐	☐
— Aufmaß	☐	☐	☐	☐
— Montage	☐	☐	☐	☐
Kompetenz Aufmasstechniker	☐	☐	☐	☐
Qualität Fenstermontage	☐	☐	☐	☐
Übergabe und Einweisung im Anschluss an die Montage	☐	☐	☐	☐

Haben wir unser Versprechen „Fensterwechsel ohne Dreck" gehalten ☐ ja ☐ nein

Was waren die Gründe für diese positive Bewertung / Einschätzung

Neben der schriftlichen Befragung werden auch Befragungen unmittelbar nach der Kundenberatung aber auch nach Abschluss der Montage durchgeführt.

In die schriftliche Befragung wurden bisher ca. 15.000 Kunden einbezogen. Wir können als Unternehmen davon ausgehen, dass sie für uns repräsentativ waren und uns sehr geholfen haben, unser Image weiter aufzuwerten.

Zusammengefasst nachfolgende Gründe:

- Das Image des Unternehmens
- Das Image der Kundenberater
- Die korrekte Termineinhaltung
- Die ausgezeichnete Produktqualität
- Die ausgezeichnete Qualitätsarbeit der Arbeiter
- Die Ausstrahlung von Begeisterung und freundlichem Auftreten der Berater und Monteure
- Die ausgezeichnete Kompetenz der Berater und Monteure
- Der Fenster- oder Türenwechsel ohne Dreck, also absolute Sauberkeit
- Die Stimmigkeit von Preis und Qualität
- Die materielle und moralische Stimulierung für Neukundengewinnung
- Die kleinen Extras als Geschenk nach Auftragserfüllung
- Die weitere Kundenbindung zum Unternehmen, z.B. Servicedienst

4.5.1 Auswertung der Befragungen

Von den insgesamt 15.000 befragten Kunden hat der überwiegende Teil (ca. 80%) die Fragen mit sehr gut bis begeisternd bewertet, ca. 18% mit gut und ca. 2% mit befriedigend.
Bei den 2% der Kunden, die die Fragen mit befriedigend bewertet haben, handelt es sich um relativ geringfügige Reklamationen der Kunden, die hauptsächlich nach Ablauf der Montage aufgetreten sind, die aber zur vollsten Zufriedenheit der Kunden beseitigt wurden.
Keiner dieser Kunden war verärgert, im Gegenteil, sie waren begeistert von der schnellen und qualitätsgerechten Fehlerbeseitigung.

Warum sind die Kunden so begeistert von unserem Unternehmen?

- Weil sie von einem begeisterten und kompetenten Kundenberaterteam überzeugend beraten werden.
- Weil Sie von den freundlichen und sachkundigen Monteuren und ihrer Arbeit begeistert sind.
- Weil das Preis-Leistungsverhältnis und die Qualität überzeugt.
- Weil das Versprechen „Fenster- oder Türwechsel ohne Dreck" voll eingehalten wird.
- Weil Reklamationen eine Ausnahme sind, wenn überhaupt, dann werden diese sofort erledigt.
- Weil die Nachbetreuung und der weitere Kontakt mit den Kunden weiter geführt wird.
- Weil die Überreichung kleiner Aufmerksamkeiten an die Kunden zum Image des Unternehmens gehören.

- Weil das Produkt überzeugende Vorteile im Vergleich zu anderen Unternehmen besitzt, wie:

  - Putz, Tapeten oder Fiesen bleiben beim Fenster-Wechsel ohne Dreck unversehrt; dadurch entfallen sämtliche Nacharbeiten.
  - Mit dem einzigartigen, voll ausgeschäumten Mehrkammerprofil und dem integrierten Metallkern bieten perfecta Fenster optimalen Wärmeschutz und höchste Formstabilität.
  - Die 3fach-Dichtung gehört zur Standardausrüstung und verhindert Schwitzwasserbildung im Funktionsbereich.
  - Wartungsfreie Sicherheitsbeschläge machen ein Aushebeln des Fensters unmöglich.
  - Verschiedene Öffnungs- und Kippstellungen sorgen für ein gesundes Wohnklima. Speziell für die Übergangszeit ist die standardisierte Sparlüftung vorgesehen.
  - Die schlanke, formschöne Profilgestaltung fügt sich harmonisch in jedes Bauwerk ein.
  - perfekta Fenster erreichen Dämmwerte, die weit über den Anforderungen der Energiesparverordnung liegen.

Eine große Anzahl der Kunden haben nach Abschluss der Montagearbeiten nochmals schriftlich über ein Dankschreiben ihre Begeisterung zum Ausdruck gebracht.

Hier einige der Vielzahl von Dankschreiben:

```
                                                    ARCHITEKT BDA
                                                    DIPL.-ING. GÜNTER KUNERT
                                                    KÖNIGSHEIDEWEG 78
                                                    12437  BERLIN
```

Berlin, 16.7.2001

P e r f e c t a - Fenster

Lehderstraße 61

1 3 0 8 6   Berlin

Sehr geehrter Herr Diller,
nach Abschluß unserer "Fensteraktion", die in Wirklichkeit keine Aktion,
sondern eine Aneinanderreihung von sinnvollen Aktivitäten im Verband eines
Teams verlief, drängt es uns, Dank und Zufriedenheit für den Fensterwechsel
in unserem Einfamilienhaus auszusprechen.
Im Besonderen auch von meiner Frau, für die Ihr Produktslogan "Fenster-Wechsel
ohne Dreck" beeindruckend praktiziert wurde. Daß an den auszuwechselnden
Fenstern nicht mal die Gardinen abgenommen werden mußten, ist schon eine
erstaunliche Erleichterung. Mit dem Auszug der Monteure war das gesamte
Haus ohne Einschränkung voll nutzbar, stattgefundene Bauarbeiten waren kaum
erkennbar, bis auf die neuen Fenster, die strahlend auf sich aufmerksam mach-
ten.
Für uns Bestätigung, daß wir die richtige Wahl getroffen haben, wobei die
Qualität der Fenster durch die exakte und saubere Arbeit, durch Profilierung
mit Schattenfugen und Farbdifferenzierung eine bemerkenswerte Ästhetik zeigen.
Darüber hinaus ist Ihre zugesagte und auch praktizierte exakte Termintreue
besonders hervorzuheben. Eine Bestätigung Ihrer Strategie "Qualität ist das
Versprochene halten".
Bei allen mit unserem Auftrag befaßten Perfecta-Mitarbeitern, angefangen bei
Ihnen, Herr Diller, Aufmaßtechniker, Abwicklungsmitarbeitern und nicht zu-
letzt bei dem hervorragenden Montageteam Friedrich / Jubisch bedanken wir
uns bei durchgängig kompetenten, aufgeschlossenen, freundlichen, zielstrebig
und erkennbar mit Freude arbeitenden Menschen, die jeder an seinem Platz
für "ihr Produkt" standen.
Beruflich bin ich leider mit der Problematik Fenster nicht mehr so sehr
befaßt, aber im Rahmen meiner Möglichkeiten werde ich aus Überzeugung für
Ihre Fenster werben.
Bei Benennung von Referenzobjekten können Sie auf mich bauen.

Mit freundlichen Grüßen

Karl Heinz u. Monika Schulze
Grainauerstr. 5 b
10777 Berlin   Berlin, 23.10.2001

Firma
Perfecta
z.Hd. Herrn Diller
Lehderstr. 61
13086 Berlin
_____

Sehr geehrter Herr Diller,

in den Zeiten wo Unzufriedenheit über schlechten Kundendienst, fehlerhafte Arbeiten und Unfreundlichkeit leider an der Tagesordnung sind, möchten wir unsere Freude über den gestrigen Einbau von Küchen- und Badfenster auch schriftlich kurz mitteilen.
Wie schon bei der Balkontür wurden die Arbeiten pünktlich, leise und sauber von äußerst freundlichen Fachleuten ausgeführt und wir, als Kunden, bekamen sogar noch eine Flasche Sekt, für die wir herzlich danken. Das ist wirklich ein vorbildlicher Service.
Daher haben wir - und werden auch weiterhin - kräftig die "Werbetrommel" für PERFECTA rühren und bitten Sie, uns ca. 10 Exemplare Ihrer Informationsbroschüre mit Beiblatt zu schicken, damit wir dieses mit unserem Lob an Interessenten geben können.

                                          Mit freundlichen Grüßen

P.S. Bitte geben Sie unser Lob auch an Ihre Mitarbeiter weiter.

Telefax

An/To/A: Perfecta
Geschäftsführer
Hauptstraße 3
86707 Westendorf
FAX 08273 799-250

Von/From/De:
MATHÉ - ADDITIVE
Schmiertechnik
Repräsentanz
Peter Beuttner
09669 Frankenberg/Sa.
Tel./Fax 037206 / 2594

Referenzschreiben!

Sehr geehrter Herr Dipl. Ing. Leix,

Kunden-Nr. 01/1483

Als ich in Grimma Ihre Fenster gesehen habe, war ich doch etwas skeptisch. Es hörte sich fantastisch an und war kaum vorstellbar. Aber es stimmt, Fenster-Wechsel fast ohne „Dreck". Ich kann Ihr Produkt nur empfehlen. Möchte mich sehr herzlich für die gute Beratung von Herrn Barthold, und dem Aufmaßtechniker Herrn Uwe Jubisch bedanken. Eine sehr gute Arbeit wurde von der Montagegruppe Herrn Ralf Hempel und Karsten Knobloch geleistet. Dafür ein besonderes Lob u. Dankeschön

Weiter So

Mit besten Grüßen
Peter Beuttner

4.5.2 Welche Auswirkungen hatte und hat die Begeisterung und Kompetenz der Berater und Arbeiter auf die psychologischen Komponenten und auf das Betriebsergebnis des Unternehmens?

<u>Ergebnisfaktoren</u>
↓
Begeisterte und kompetente Beratung motiviert und begeistert Kunden
↓
Steigendes Ansehen des Beraters und des Unternehmens
↓
Steigende Auftragsbindung
↓
Ansteigender Wiederkauf und Zusatzkauf
↓
Kundenzufriedenheit nimmt immer mehr zu
↓
Weiterempfehlung durch Stamm- und Neukunden hat enorm zugenommen
(z.Z. ca. 8% der Neukundengewinnung)

<u>Auswirkungen auf das ökonomische Ergebnis</u>
↓
Kontinuierliches Ansteigen des Um- und Absatzes durch steigende Nachfragen
↓
Jährliche Gewinnerwirtschaftung
↓
Permanenter Zuwachs an Kapitalsvermögen → Investitionserweiterung
↓
Jährliche Erweiterung der Produktionskapazität verbunden mit Einstellung neuer Arbeitskräfte
↓
Verringerung der Betriebskosten
z.B. für Kundenberatung und Reklamation
↓
Verringerung der Gesamtkosten durch steigenden Umsatz

<u>Anmerkung:</u> Weitere Informationen über das perfecta Unternehmen erhalten Sie im Internet unter <u>www.perfecta-Fenster.de</u>

LITERATURVERZEICHNIS

- Kenneth H. Blanchard/Sheldon M. Bowles, "Wie man Kunden begeistert",
  Reinberg bei Hamburg, 1994

- Bettger F., "Lebe, begeistere und gewinne",
  Oesch Verlag AG Zürich, 1990

- Roger Fisher/Danny Evtel, "Arbeitsbuch Verhandeln",
  Wilhelm Heyne Verlag München, 2000

- Klaus Kabjoll, „Motivation-Begeisterung ist übertragbar",
  Orell Füssli Verlag Zürich, 1993

- Heinz-Jürgen Herzlieb, „Erfolgreich verhandeln und argumentieren",
  Cornelsen Verlag Berlin, 2000

- Albert Thiele, „Die Kunst zu überzeugen",
  VDI-Verlag GmbH Düsseldorf, 1988

- Peter Kenzelmann, „Kundenbindung"
  Cornelsen Verlag Berlin, 2003

STICHWORTVERZEICHNIS

A
Abschluss, 93
Analyse, 119
Anerkennung, 103
Anreize, 103
Arbeitszufriedenheit, 40
Argumente, 89
Augen, 27
Ausdruck, 24
Ausstrahlung, 15, 27

B
Begeisterung, 13, 76, 147, 149, 152
- Betonung, 24
- Beziehungsfaktoren, 37
- Blickkontakt, 27, 150
- Kettenreaktion, 14
- Kreislauf, 13
- Lösungsansätze, 16
- Triebfelder, 18, 19

E
Einigung, 93
Einflussfaktoren, 139
Einstellung, 69
Einwände, 92
Empfehlung, 91
Erfolgserlebnis, 27, 93, 94, 146
Ergebnisfaktoren, 139, 161
Eröffnung, 86, 87
Erscheinungsbild, 47, 145
Ersteindruck, 85, 150
Erwartungen, 102

F
Freiräume, 39

G
Gestik, 27

I
Image
- Identifikation, 16
- Indikatoren, 92
- Kundenberater, 46, 47, 147
- Kundenberatung, 47
- Reklamation, 55
- Reklamationslösung, 57, 58
- Unternehmen, 45, 145

K
Kunden(-)
- bedürfnisse, 87, 88, 102
- begeisterung, 16, 89
- betreuung, 60
- bindung, 61, 62, 93
- erwartung, 56, 104
- gewinnung, 61, 62
- Kaufssignale, 94
- kenntnisse, 93, 94
- Körpersprache, 26, 149
- nutzen, 49
- stamm, 60
- typen, 67, 68
- unzufriedenheit, 107,
- zufriedenheit, 56, 105, 156
Kundenberateranforderungen
- didaktische-methodische, 70
- Einstellung/Haltung, 69, 76, 150
- fachliche/praktische, 71
- Leistungsprofil, 75
- Persönlichkeitsbild, 75
- psychologische, 65
- selbstsicher, 76

Kundenberatungsablauf
- Eröffnung, 87
- Kaufssignale, 94
- Nachbereitung, 95
- Verhaltensregeln – Einwände, 92
- Verhandlungsstrategien, 88
- Verhandlungstaktiken, 89, 91
- Vorbereitung, 85

M
Management
- Kundenberater, 103, 104
- Kundenberatung, 102
- Kundenzufriedenheit, 105

Menschenkenntnisse, 35
Mimik, 26, 151
Mitarbeiterbegeisterung, 38, 148
Mitarbeiterführung, 147
Mitarbeitermotivation, 38, 39, 40, 147
Modellbeispiele, 120, 122
Motivation, 15, 38
Motivationsbefragung, 40
Motivationsparameter, 38
Motivationspsychologie, 38

N
Neukundengewinnung
- Instrumente, 61
- Strategie, 61, 62

P
Preis- Leistungsangebot, 51
Produktqualität, 51
Produktvorstellung, 151
Psychologie, 65, 66

R
Reklamation, 56, 57, 97
Reklamationsgründe, 99
Reklamationslösung, 99, 100
Rhetorik, 23
- Körpersprache, 26
- Kritiken, 32
- Selbsteinschätzung, 33
- Sprache, 25
- Stimme, 24
- Telefon, 29

S
Selbsteinschätzung, 33, 34
Service, 52, 53
- Beratungsservice, 53
- Kundendienst, 55

Sprachtempo, 24
Stammkunden, 60
Stammkundenbetreuung, 60

Ü
Überzeugen, 89

V
Verkaufshilfen, 84
Vorbeugen, 80
Vorteile, 92

Z
Zufriedenheit
- Arbeitszufriedenheit, 40
- Arbeitszufriedenheitsbefragung, 42
- Mitarbeiterzufriedenheit, 40
- Zeitkiller, 82